O MELHOR DA MÚSICA CLÁSSICA

VOL. 1

PIANO SOLO

Nº Cat.: 323-A

Irmãos Vitale Editores Ltda.
vitale.com.br
Rua Raposo Tavares, 85 São Paulo SP
CEP: 04704-110 editora@vitale.com.br Tel.: 11 5081-9499

© Copyright 2010 by Irmãos Vitale Editores Ltda. - São Paulo - Rio de Janeiro - Brasil.
Todos os direitos autorais reservados para todos os países. *All rights reserved.*

CRÉDITOS

Foto da capa
GENTILMENTE CEDIDA POR
YAMAHA MUSICAL DO BRASIL LTDA.

Capa e projeto gráfico
MAURÍCIO BISCAIA VEIGA

Coordenação editorial
ROBERTO VOTTA

Produção executiva
FERNANDO VITALE

CIP-BRASIL. CATALOGAÇÃO NA FONTE
SINDICATO NACIONAL DOS EDITORES DE LIVROS - RJ.

M469

O melhor da música clássica, vol. 1 : piano solo. - São Paulo : Irmãos Vitale, 2010.
    música

ISBN 978-85-7407-309-5

    1. Música.
    2. Música para piano.
    3. Partituras.
       I. Título: Música clássica.

10-6162.   CDD: 786.2
                                                                                CDU: 78.089.7

29.11.10   06.12.10   023039

ÍNDICE

Acalanto para Barbara
    M. Camargo Guarnieri..86

Ave Maria
    F. Schubert...88

Big-Ben (nº 1 da série dos Países - Inglaterra)
    Italo Izzo..30

Chanson triste (Op. 40, nº 2)
    P. I. Tchaikovsky...5

Clair de Lune
    C. Debussy..24

Coral de Jesus, Alegria dos homens
    J. S. Bach..96

Dedicação
    Branca Bilhar..82

Felicidade perdida (Bonheur Perdu)
    F. Mendelssohn...20

La Prière d'une Vierge (Oração de uma Virgem)
    Badarczewska..32

Mazurca
    Carlos Gomes...41

Minueto (da ópera Don Giovanni)
    W. A. Mozart...14

Prelúdio VI
    S. Rachmaninov..36

Prelúdios tropicais nº 4
    Guerra-Peixe..78

Rêve d'Amour (noturno nº 3)
    F. Liszt...8

Rêvérie (Träumerei)
    R. Schumann...44

Serenata
    F. J. Haydn..98

Sonata ao Luar
    L. van Beethoven..64

Suíte Mirim (Allegro, Valsinha, Dança)
    J. Vieira Brandão...46

Valsa (Op. 64, nº 1)
    F. Chopin...16

Valsa do Imperador
    J. Strauss..54

Valsa em Lá bemol maior
    J. Brahms...62

Valsa em Lá
    C. M. Weber..94

Chanson triste

Op. 40, nº 2

Revisão de Miguel Izzo

P. I. Tchaikovsky

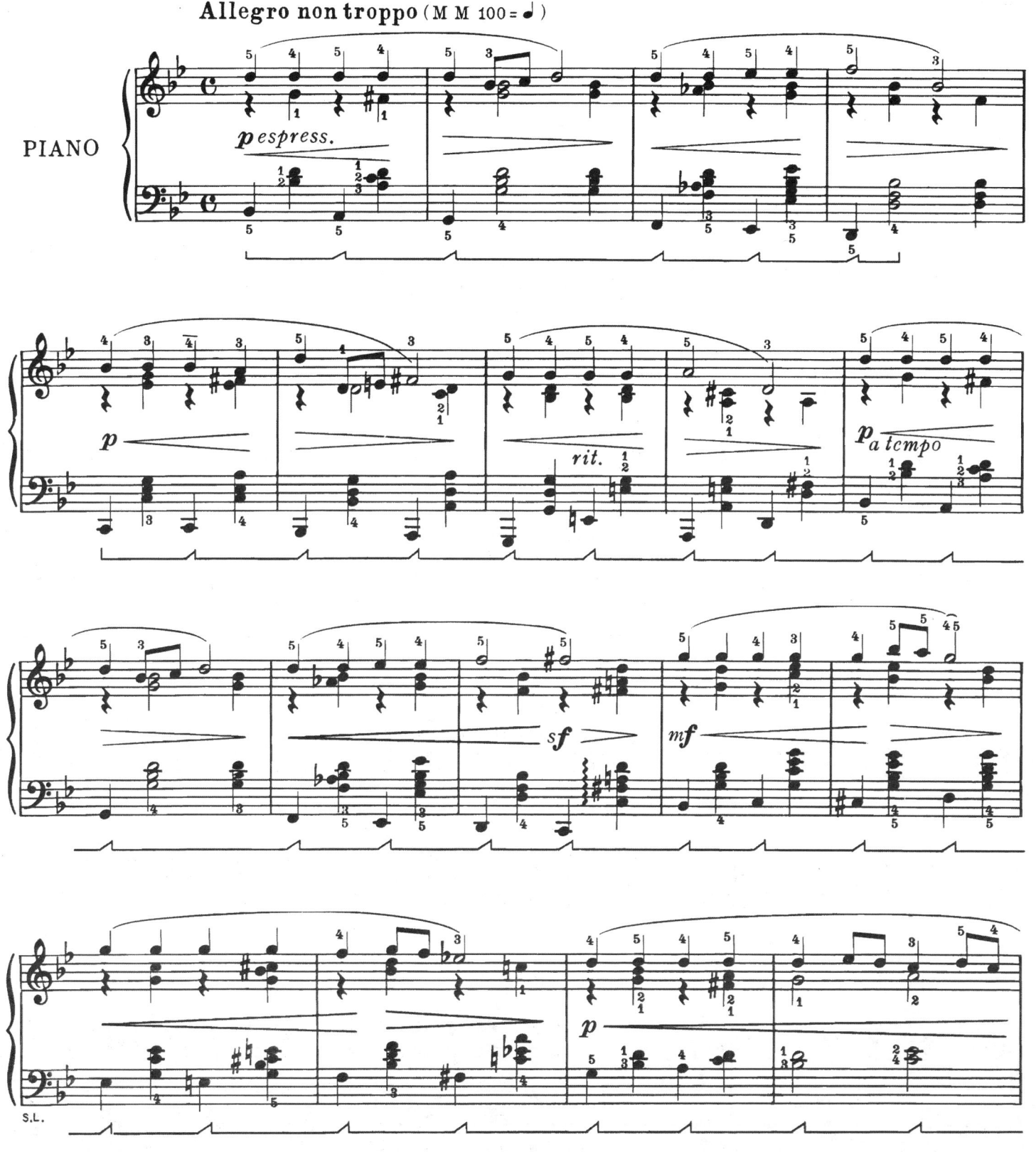

© Copyright 1947 by Irmãos Vitale S.A. Ind. e Com. – São Paulo – Brasil.
Todos os direitos autorais reservados para todos os países – *All rights reserved.*

Rêve d'Amour

Noturno nº 3

F. LISZT

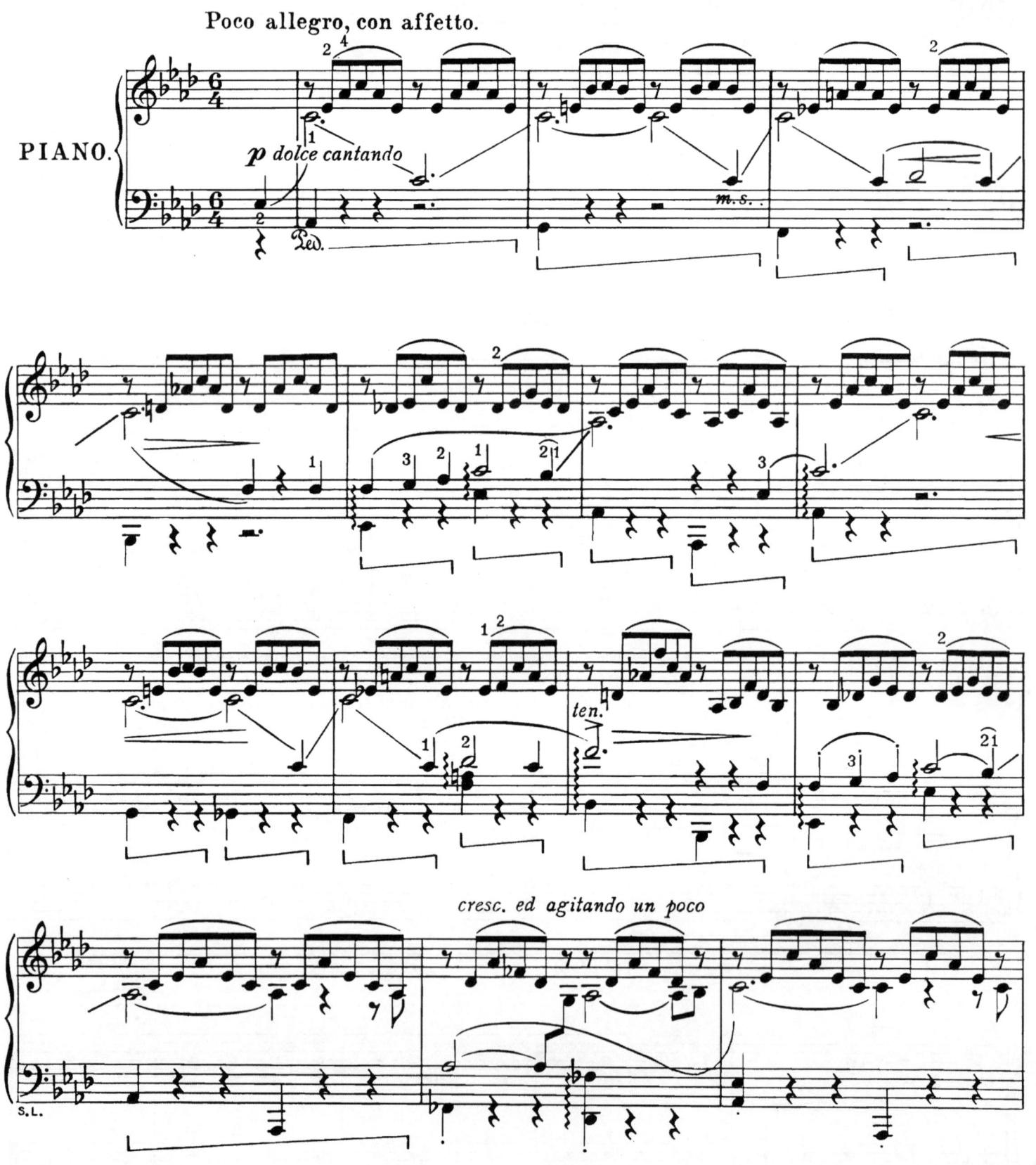

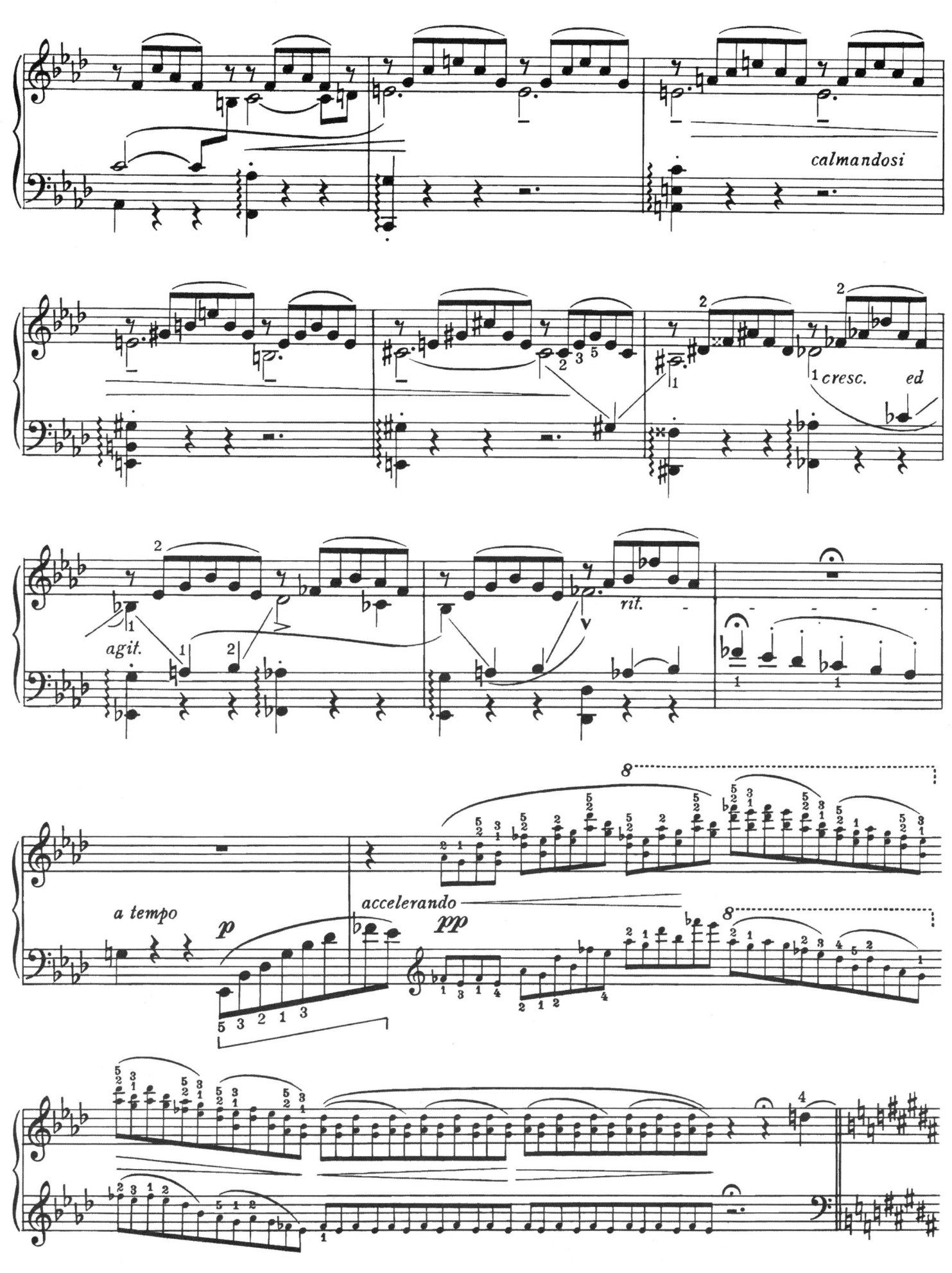

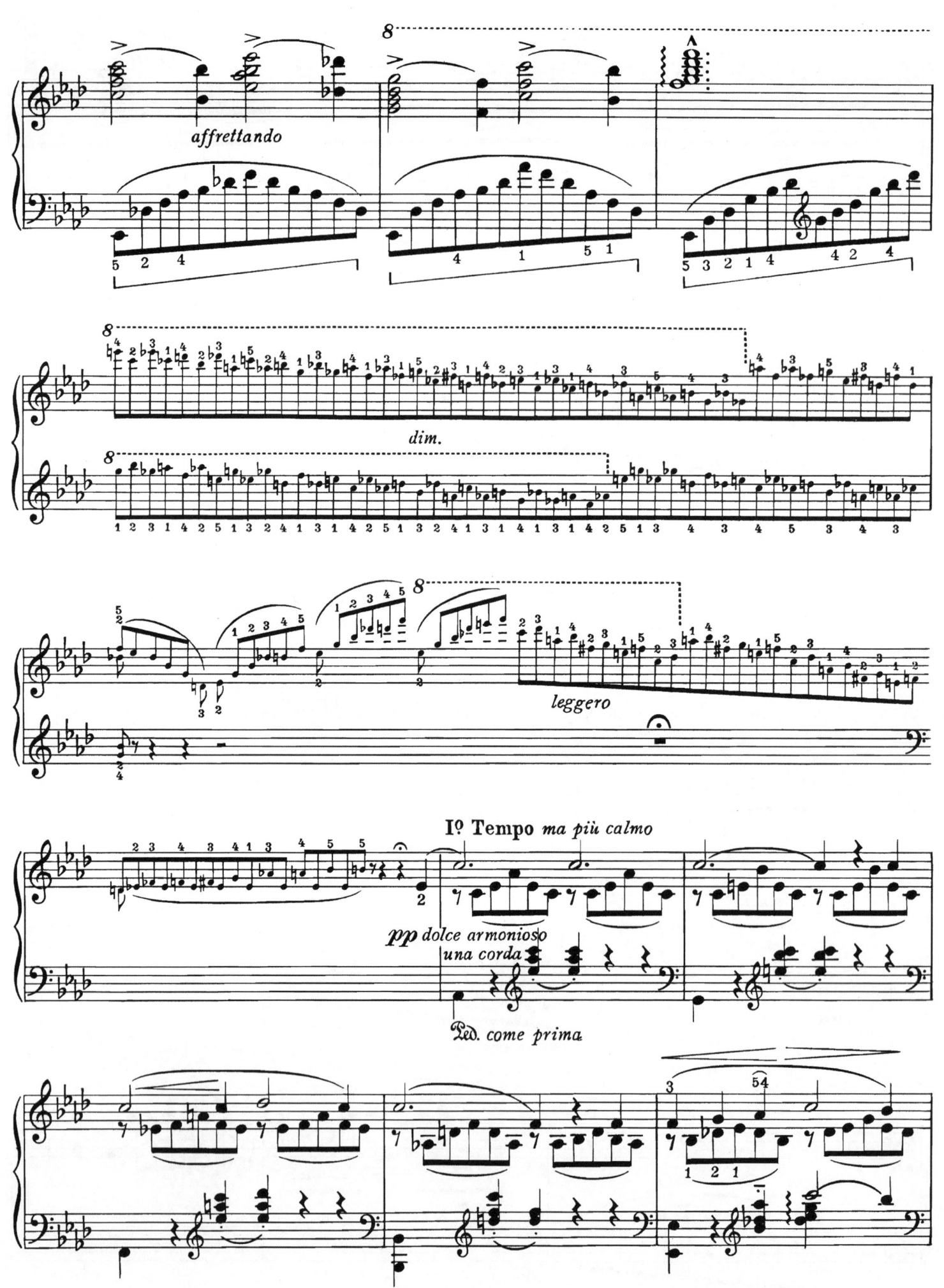

Minueto
da ópera Don Giovanni

Revisão de Lucilia Eugênia de Mello
Dedicada a sua aluna menina Mª Helena Serra Negra

W. A. MOZART

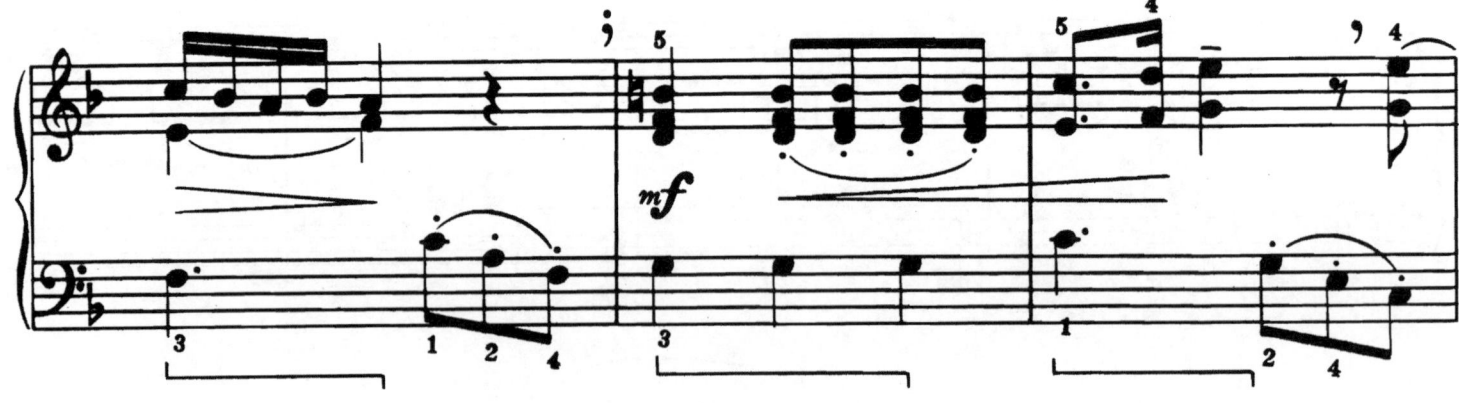

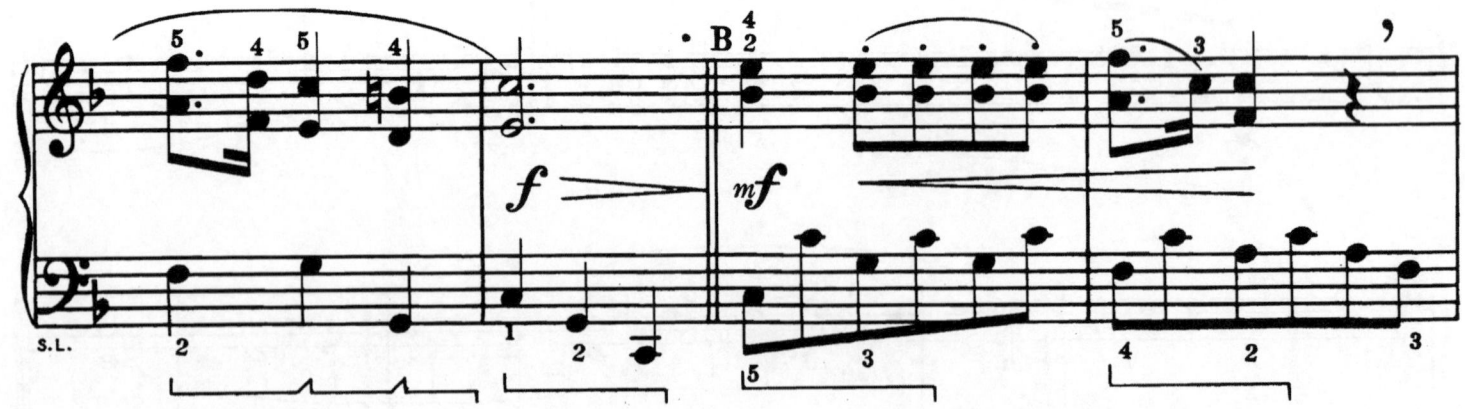

à Condessa Delphine Potoka

Valsa

Op. 64, nº 1

Revisão de Souza Lima

F. Chopin

Felicidade perdida

(Bonheur Perdu)

(dos Romances sem palavras)

Revisão de Souza Lima

F. Mendelssohn

Clair de Lune
da Suíte Bergamasque

Dedilhado e revisão de Souza Lima

C. Debussy

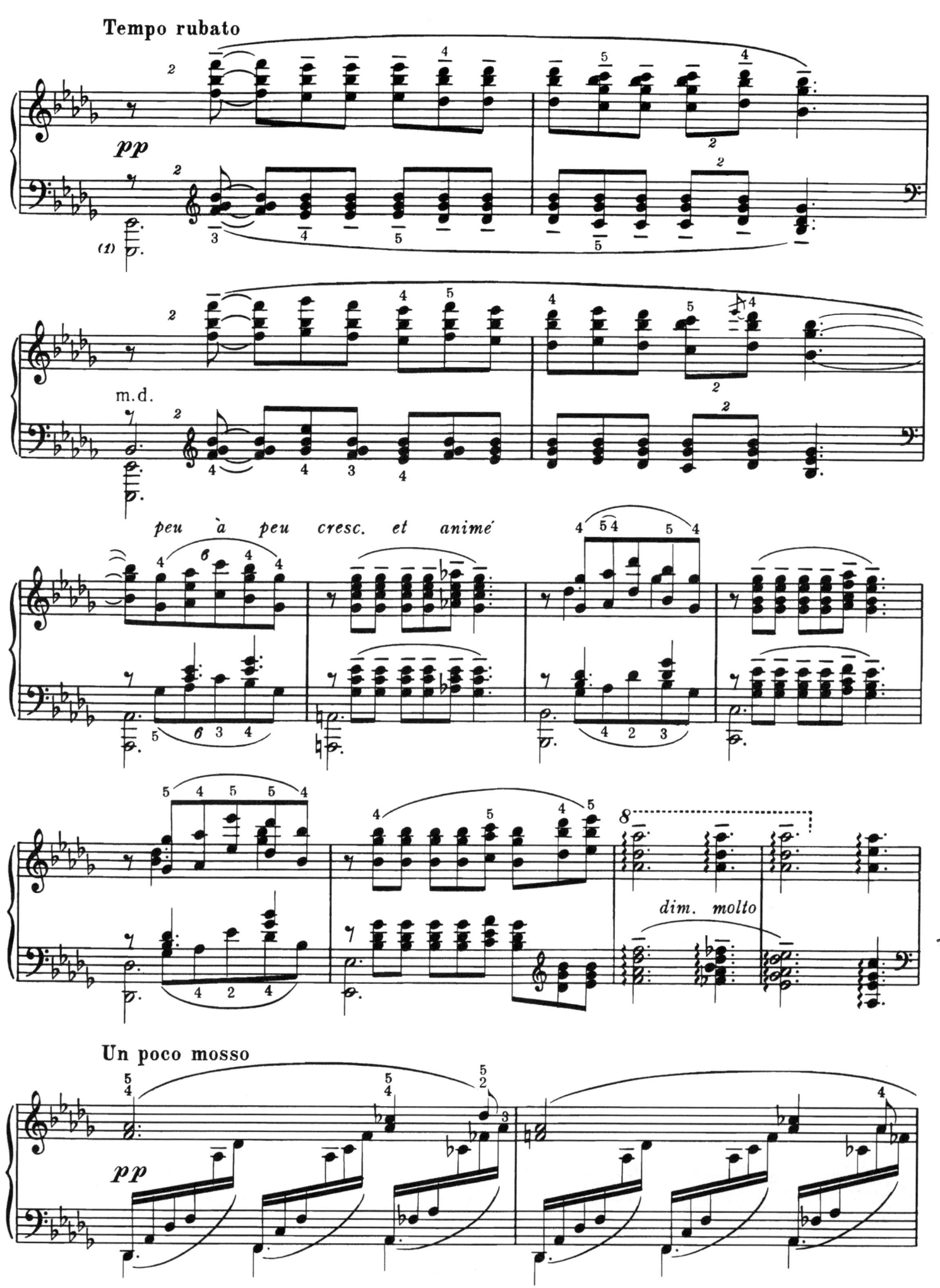

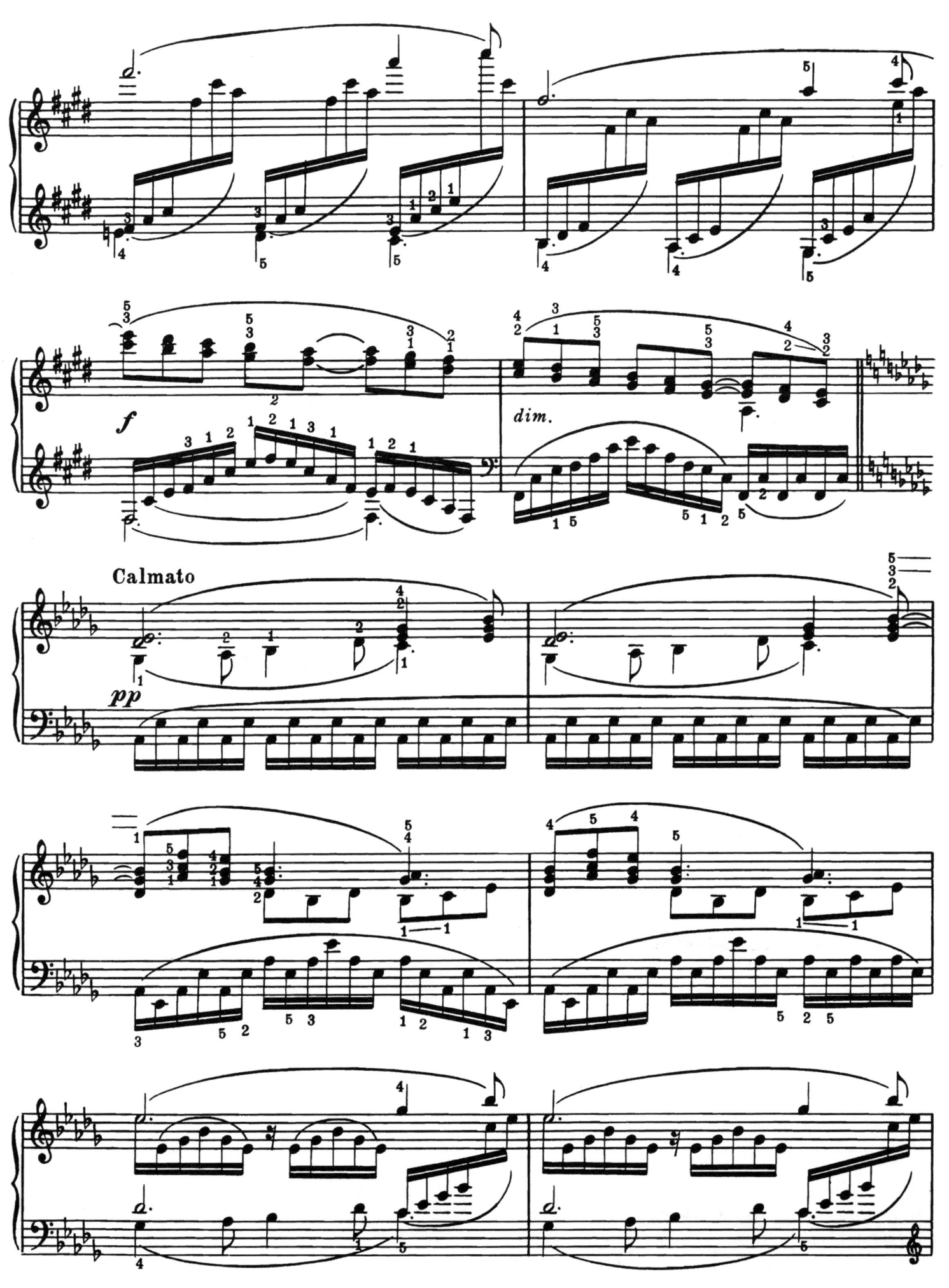

(1) Vide nota na pag. 3

Big Ben
Nº 1 da Série dos países - Inglaterra

ITALO IZZO

La Prière d'une Vierge
(Oração de uma Virgem)

Revisão de Miguel Izzo

BADARCZEWSKA

© Copyright 1947 by Irmãos Vitale S.A. Ind. e Com. – São Paulo – Brasil.
Todos os direitos autorais reservados para todos os países – *All rights reserved.*

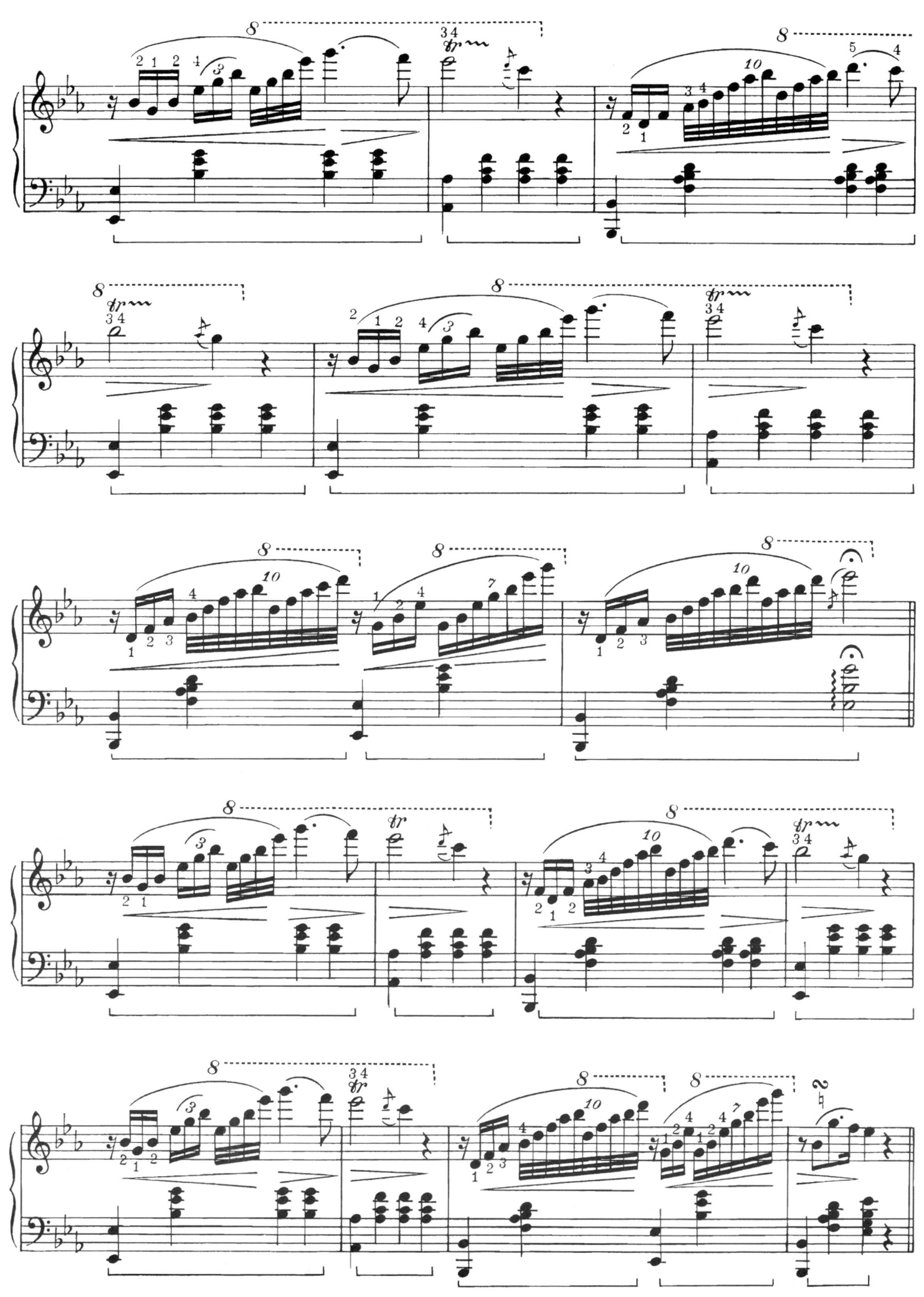

Prelúdio VI
Op. 23, nº 6

S. Rachmaninov

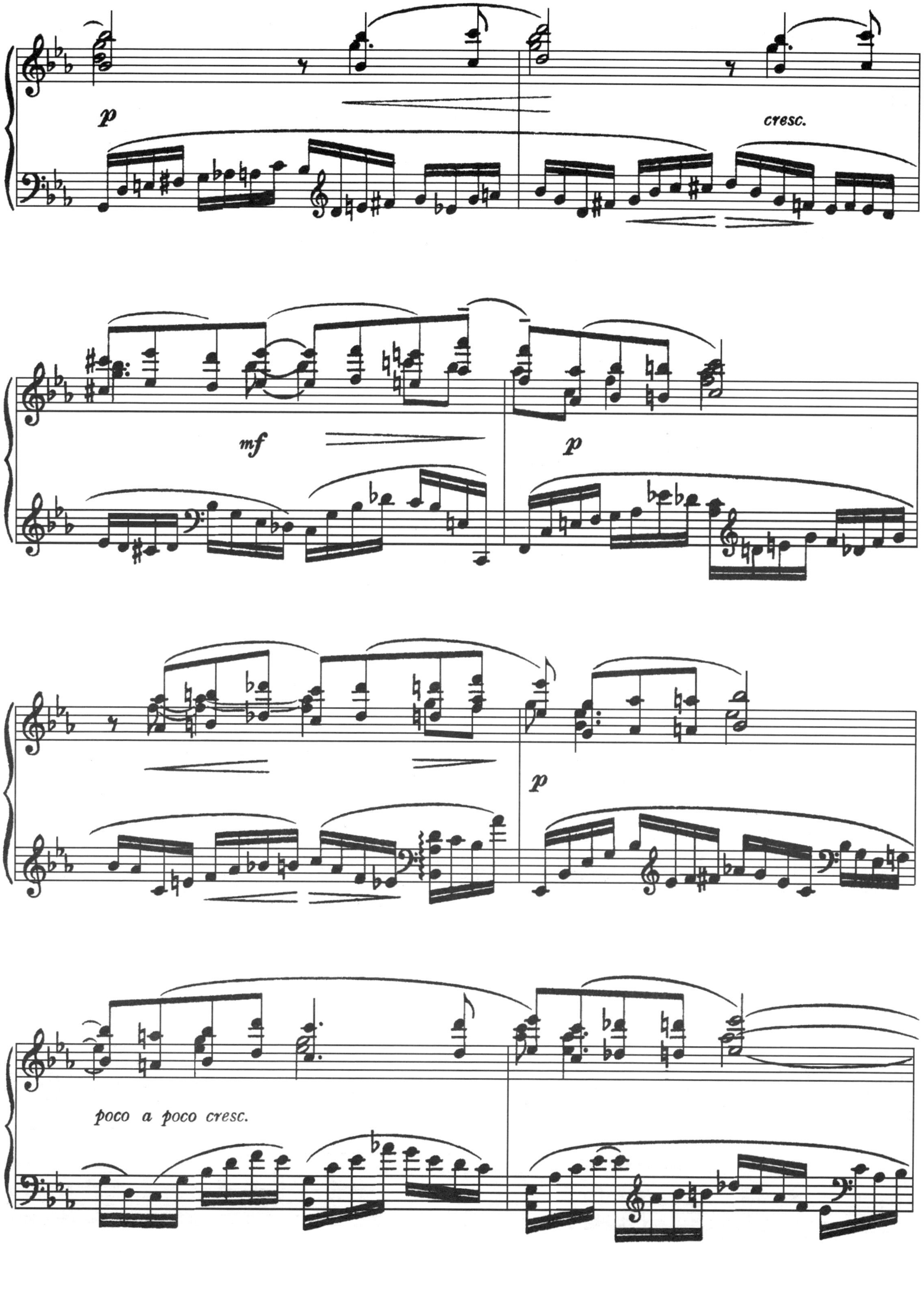
p
cresc.
mf
p
p
poco a poco cresc.

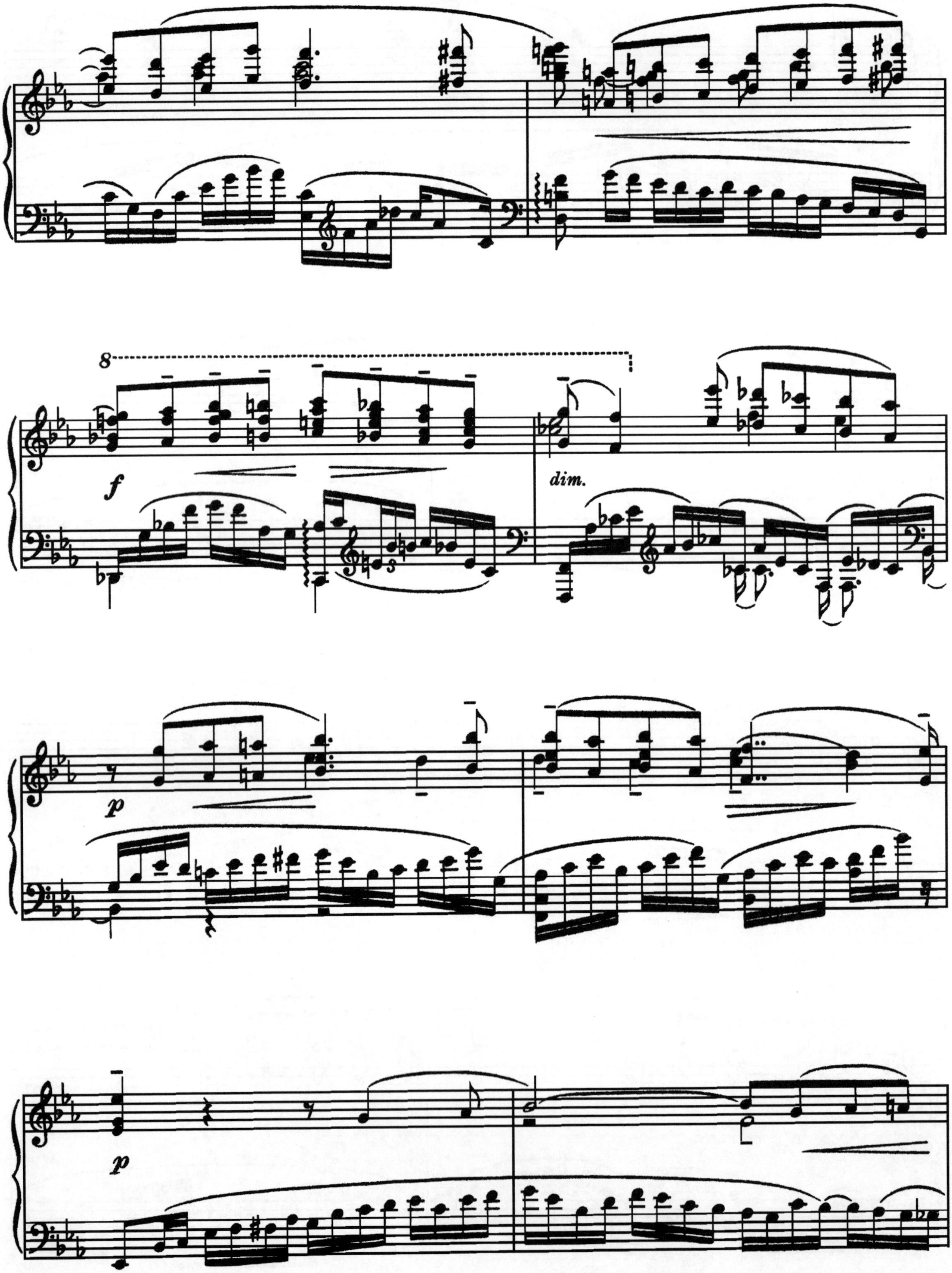
8
f
dim.
p
p

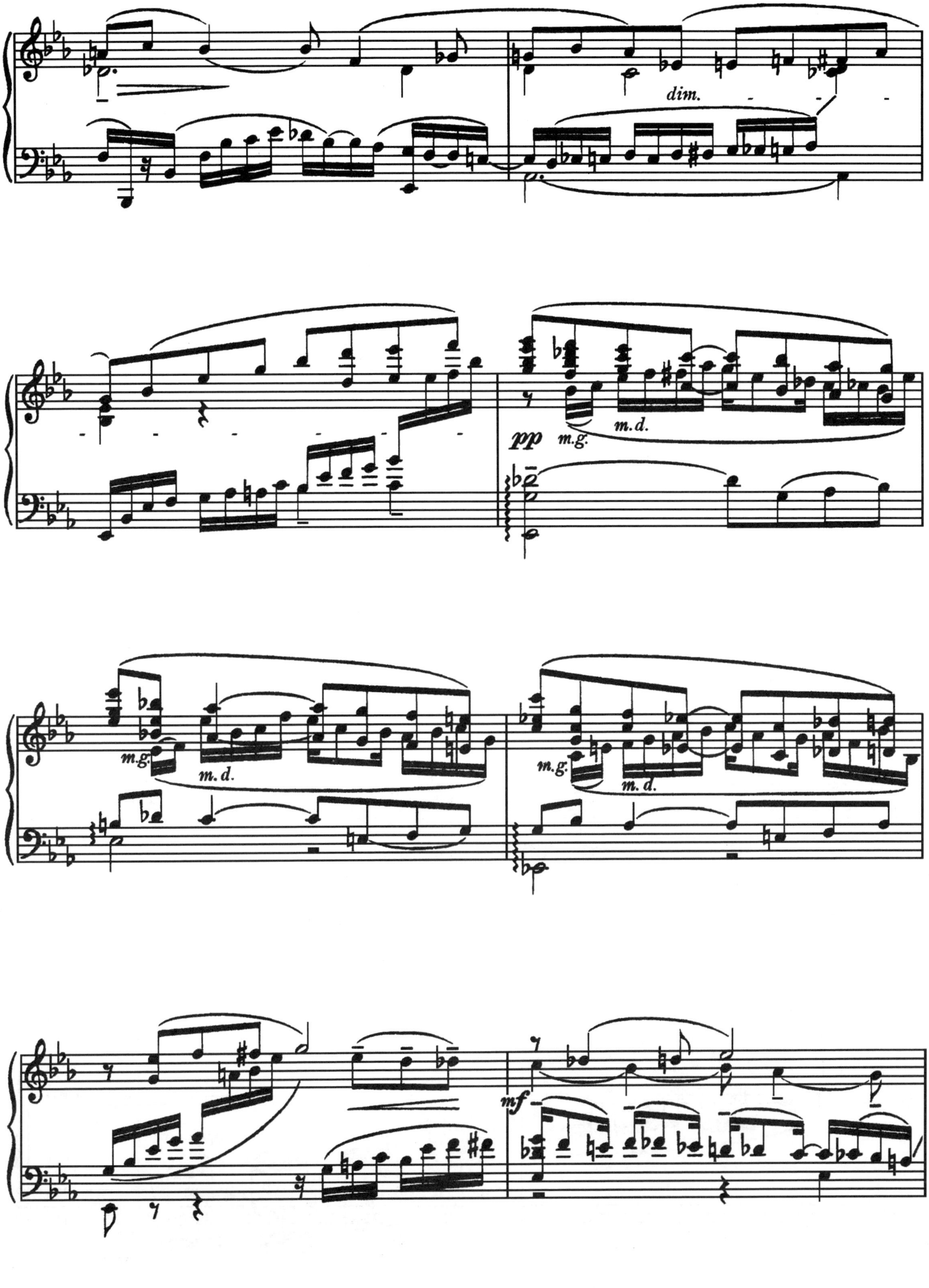
dim.
pp
m.g.
m.d.
m.g.
m.d.
m.g.
m.d.
mf

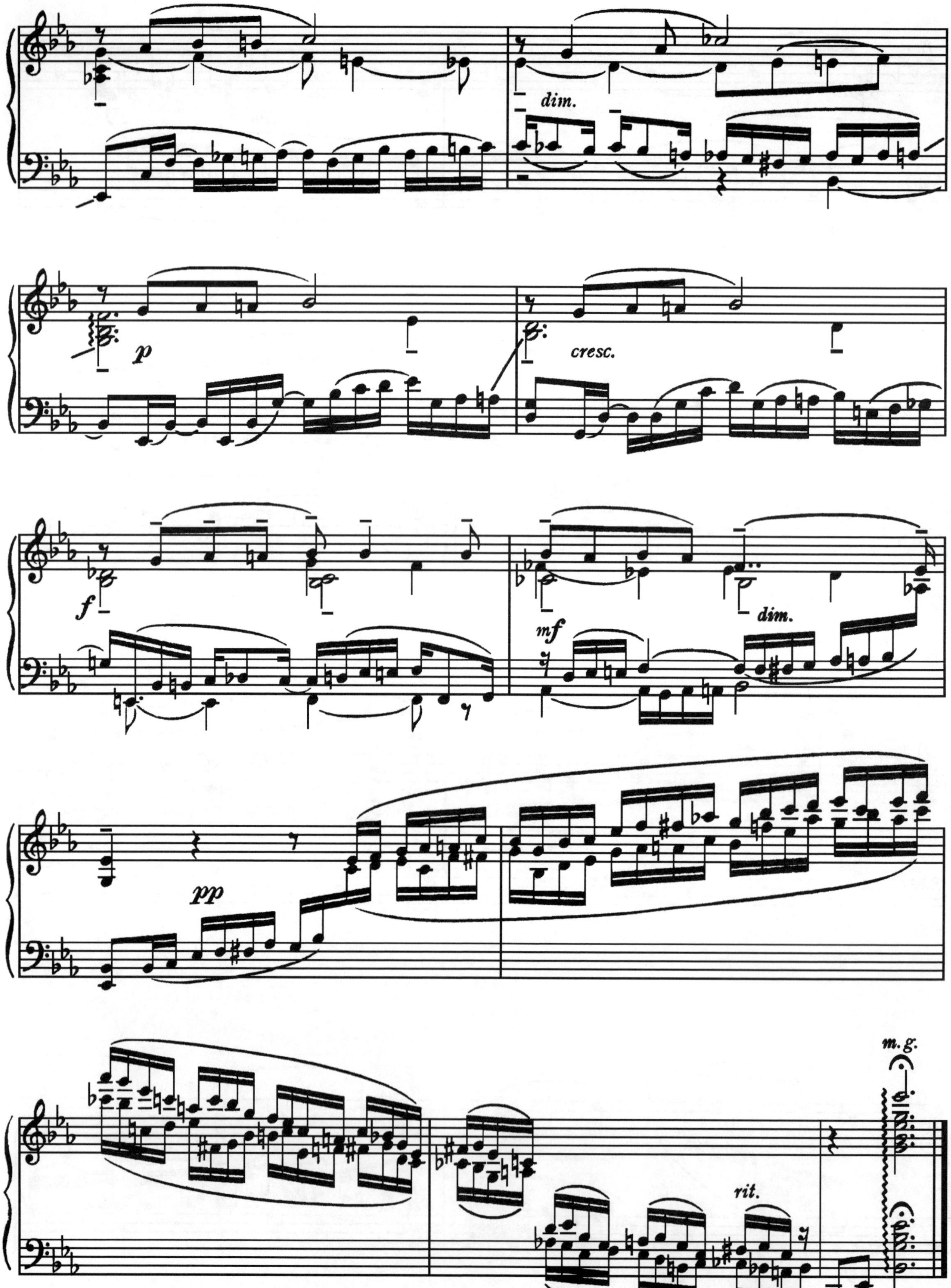
dim.
p
cresc.
f
mf
dim.
pp
rit.
m. g.

Mazurca

Revisão de Souza Lima

CARLOS GOMES

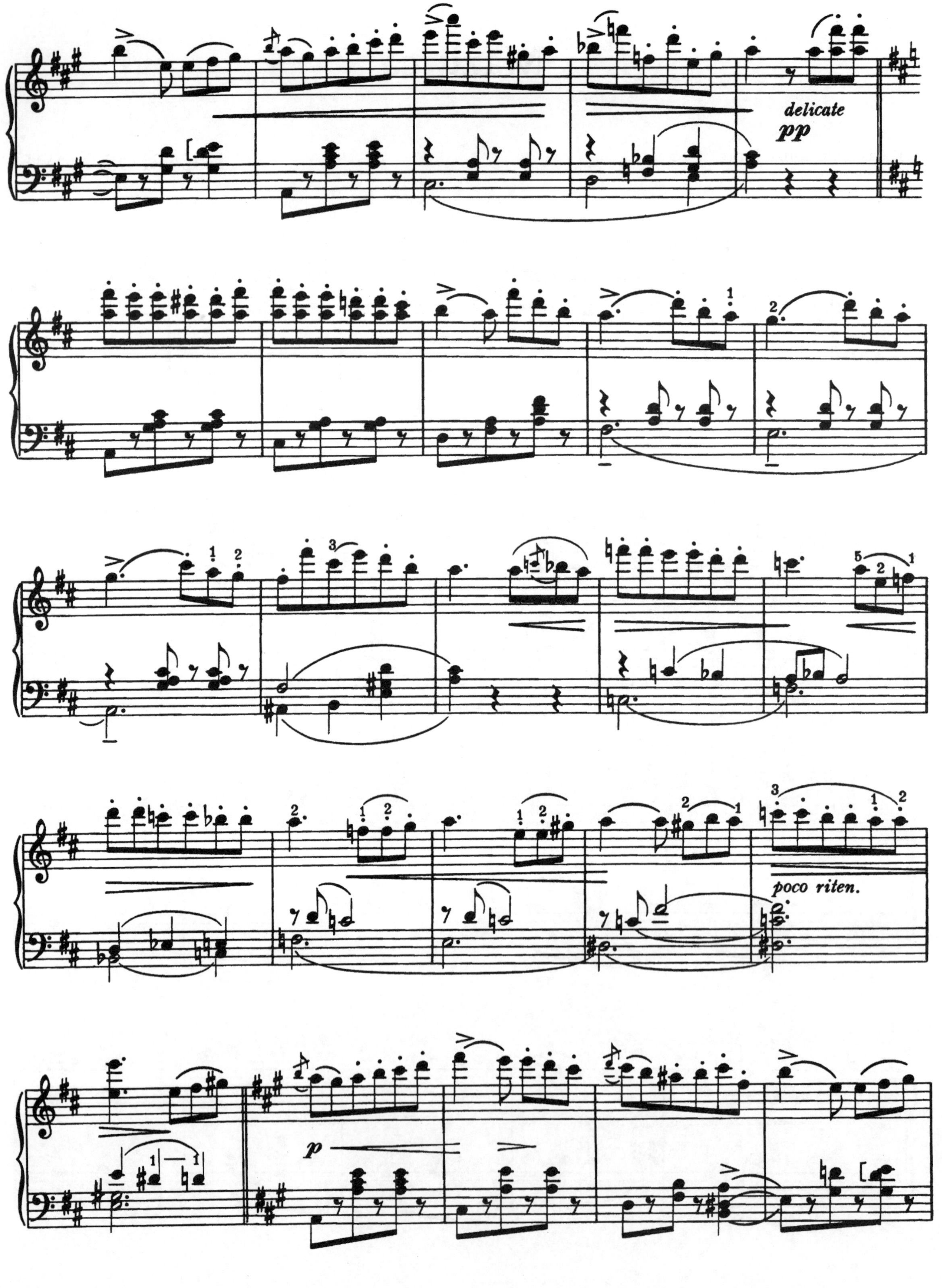
delicate
pp
poco riten.
p

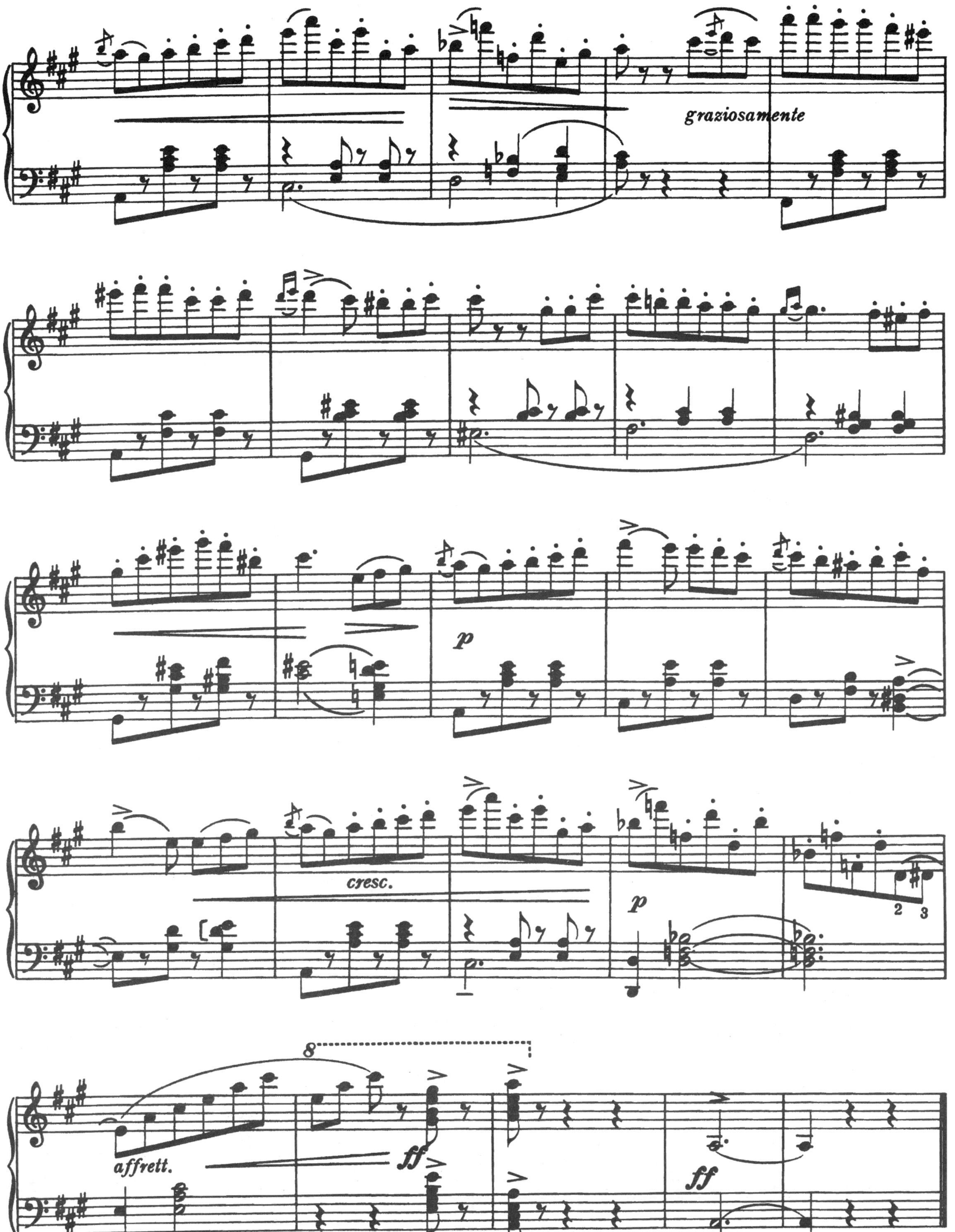
graziosamente
p
cresc.
p
2 3
8
affrett.
ff
ff

Rêverie (Träumerei)

Op. 15, nº 7

Revisão de Souza Lima

R. SCHUMANN

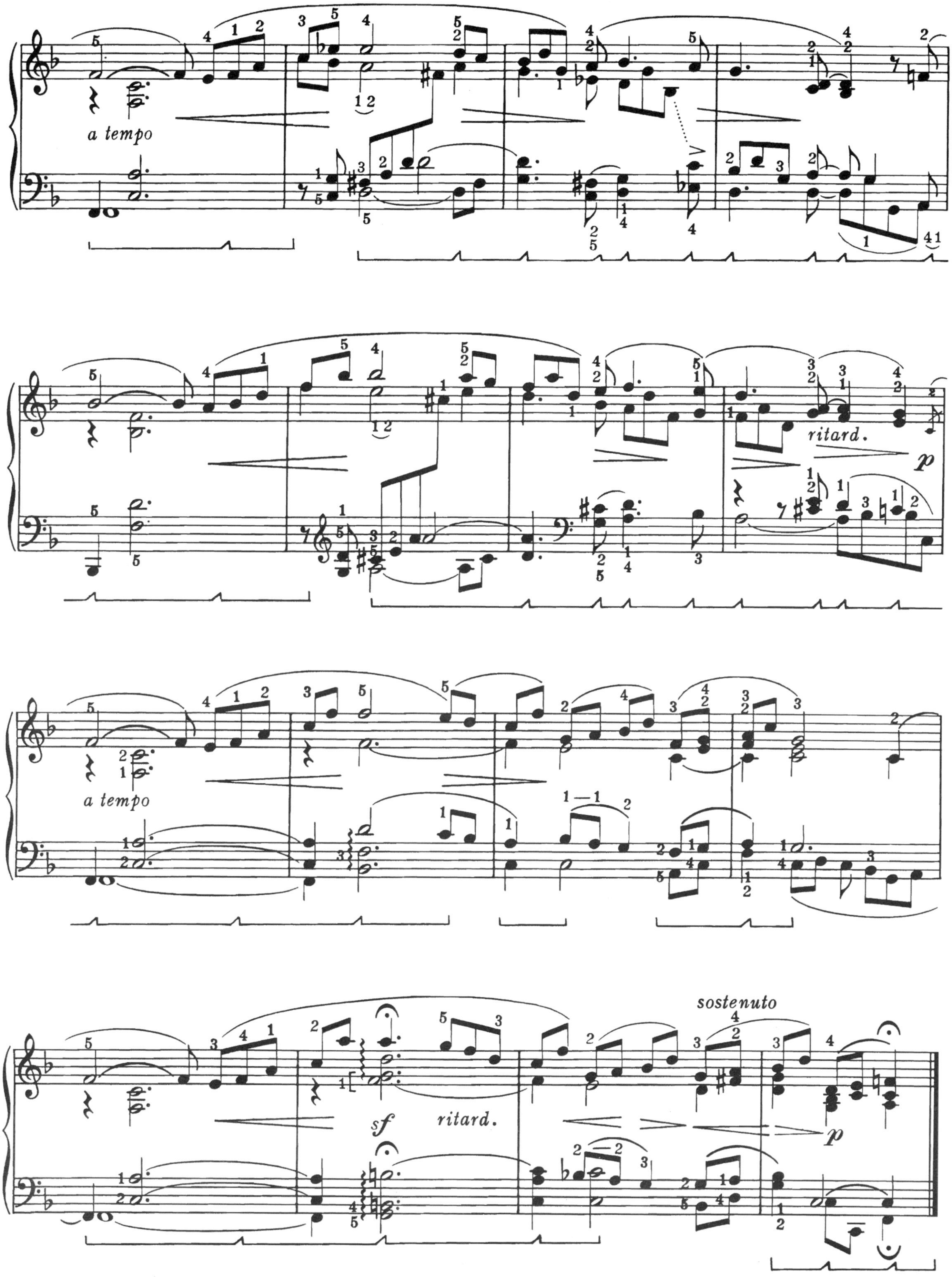
a tempo
ritard.
p
a tempo
sostenuto
sf
ritard.
p

Suíte mirim

J. Vieira Brandão

Nº 1 - Allegro
a Lorenzo Fernandez

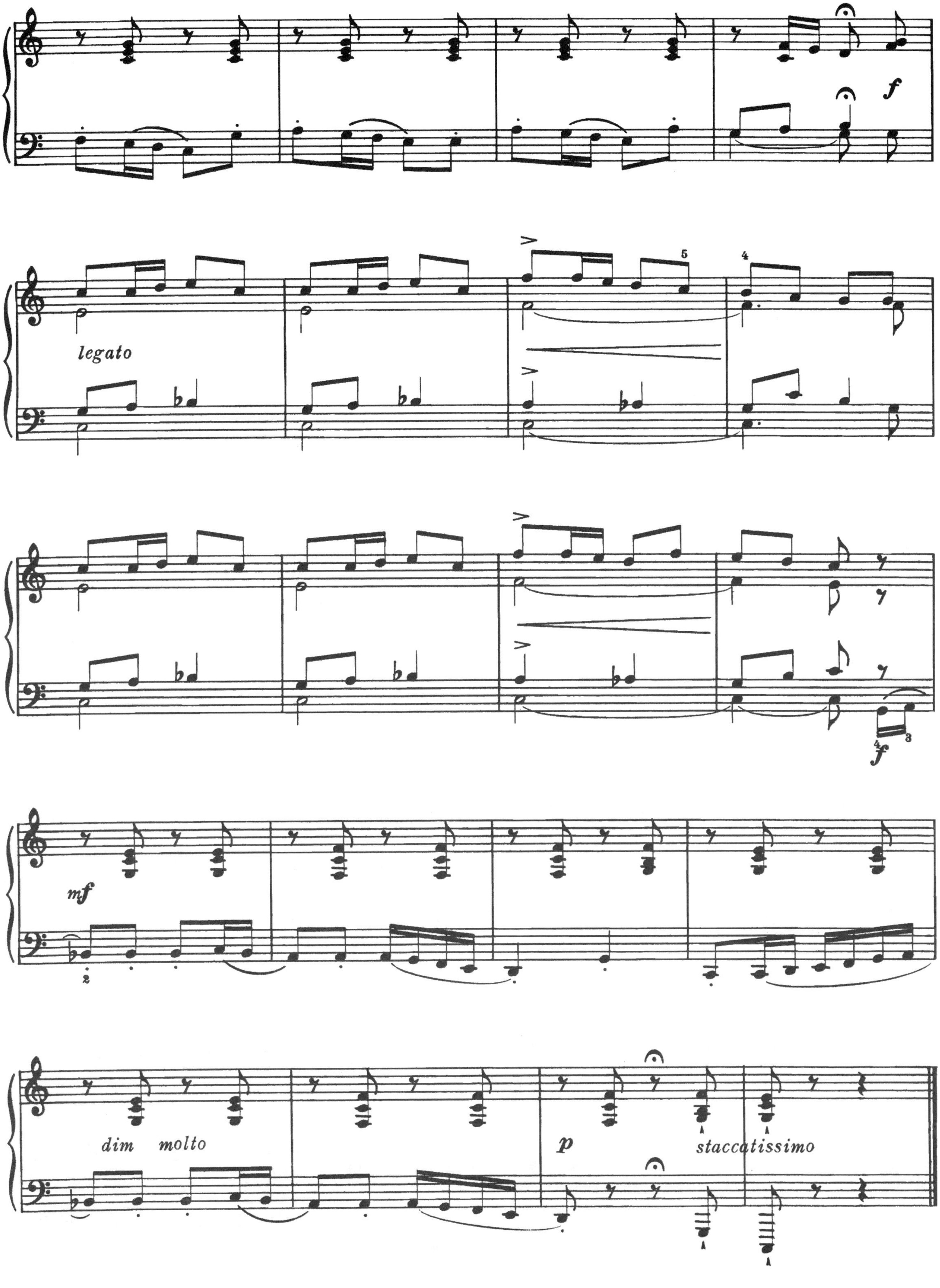
f
legato
f
mf
dim molto
p
staccatissimo

Nº 2 - Valsinha
a Francisco Mignone

p
dim.
Più mosso
rit.
pp U.C.
cresc.
rit. a tempo
tre corde
molto rit.
pp
poco cresc.
pp
m.e.
ppp

Nº 3 - Dança

a Camargo Guarnieri

O MELHOR DA MÚSICA CLÁSSICA

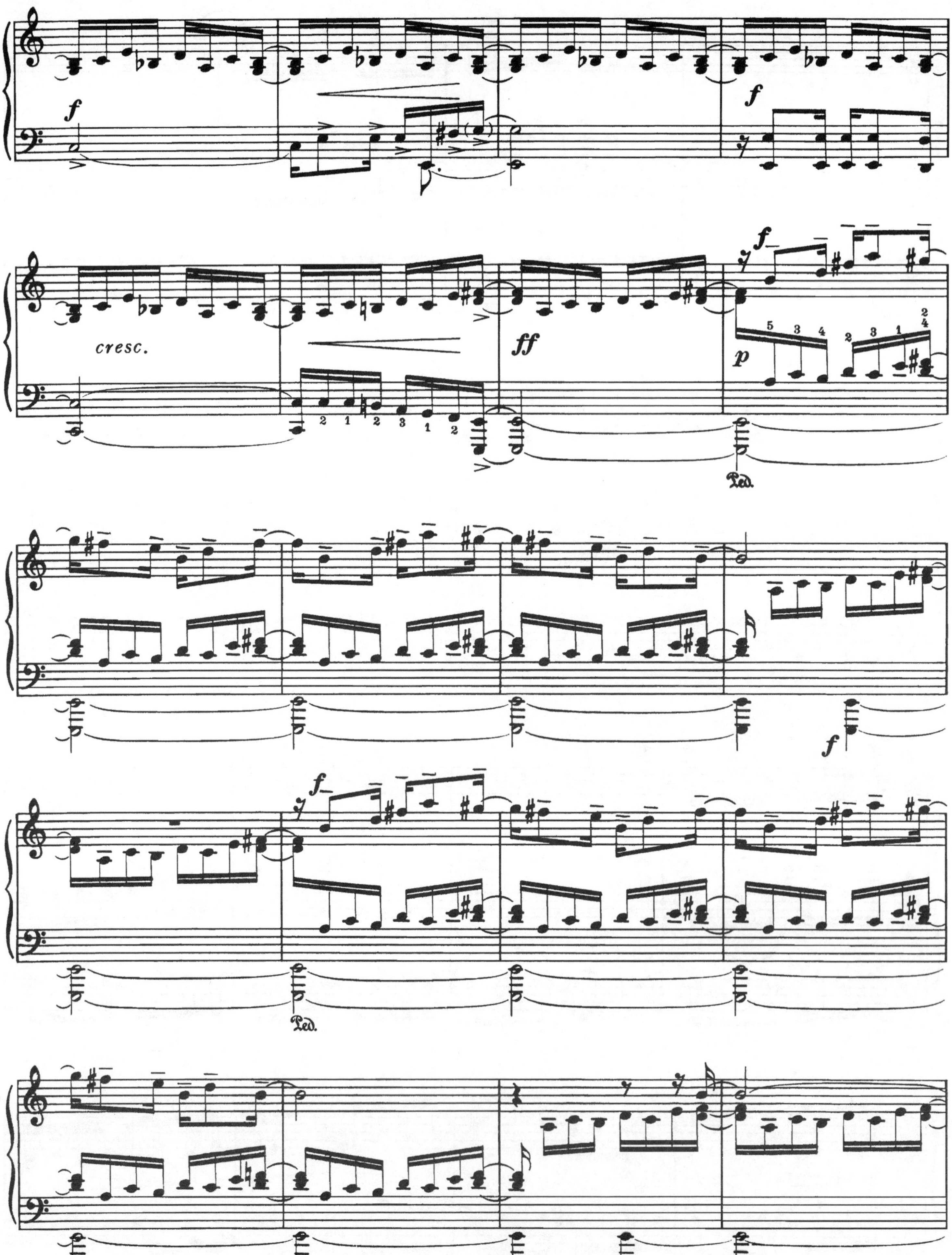
f
cresc.
ff
p
Ped.

dim. - - - e - - - poco - - rallentando
pp
D.C.
al ⊕
f
mf
p
pp
dim. e rall. pp U.C.
allarg.
até o fim.
ppp

Valsa do Imperador
Op. 437

J. STRAUSS

1.

VALSA

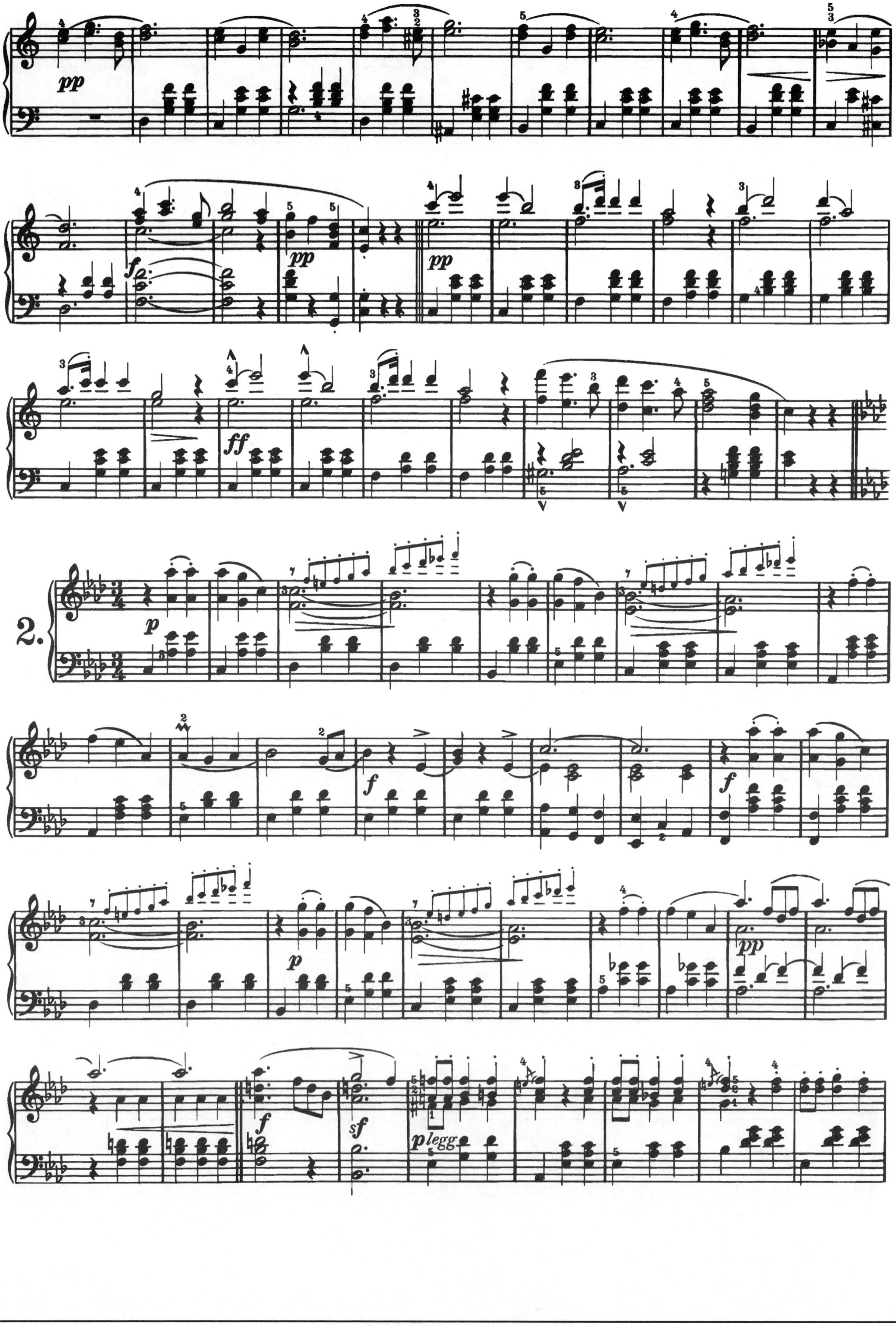
2.
p legg

3.

4.

CODA

60 O MELHOR DA MÚSICA CLÁSSICA

molto ritenuto
a tempo
pp tremolo
mp espr.
riten.
Tempo de Valsa
cresc.

Valsa em Lá bemol maior

Op.39, nº 15

Revisão de Miguel Izzo

J. Brahms

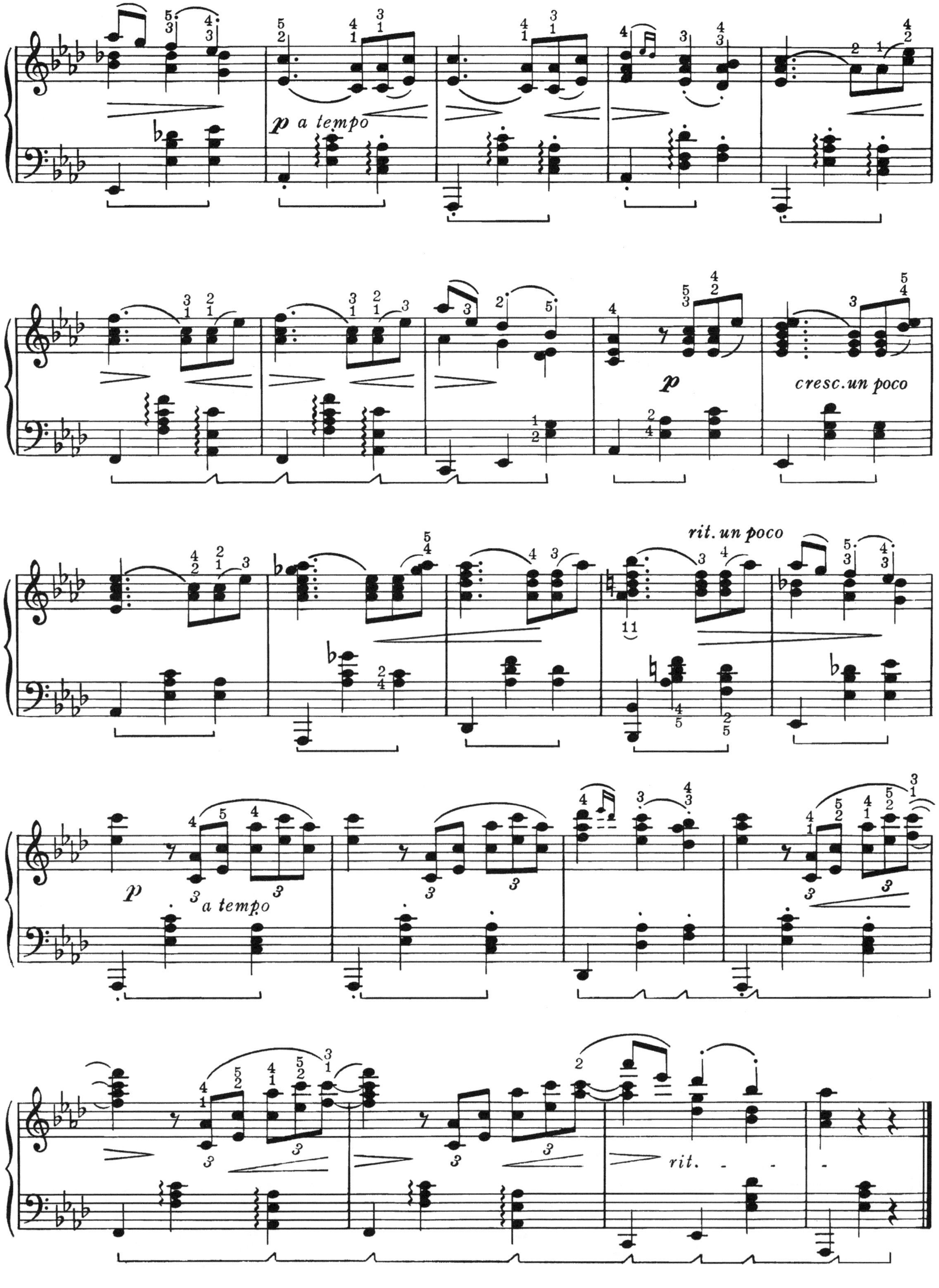
p a tempo
p
cresc. un poco
rit. un poco
p
a tempo
rit.

Sonata ao luar
Sonata quasi una fantasia

Op. 27, nº 2

L. V. Beethoven

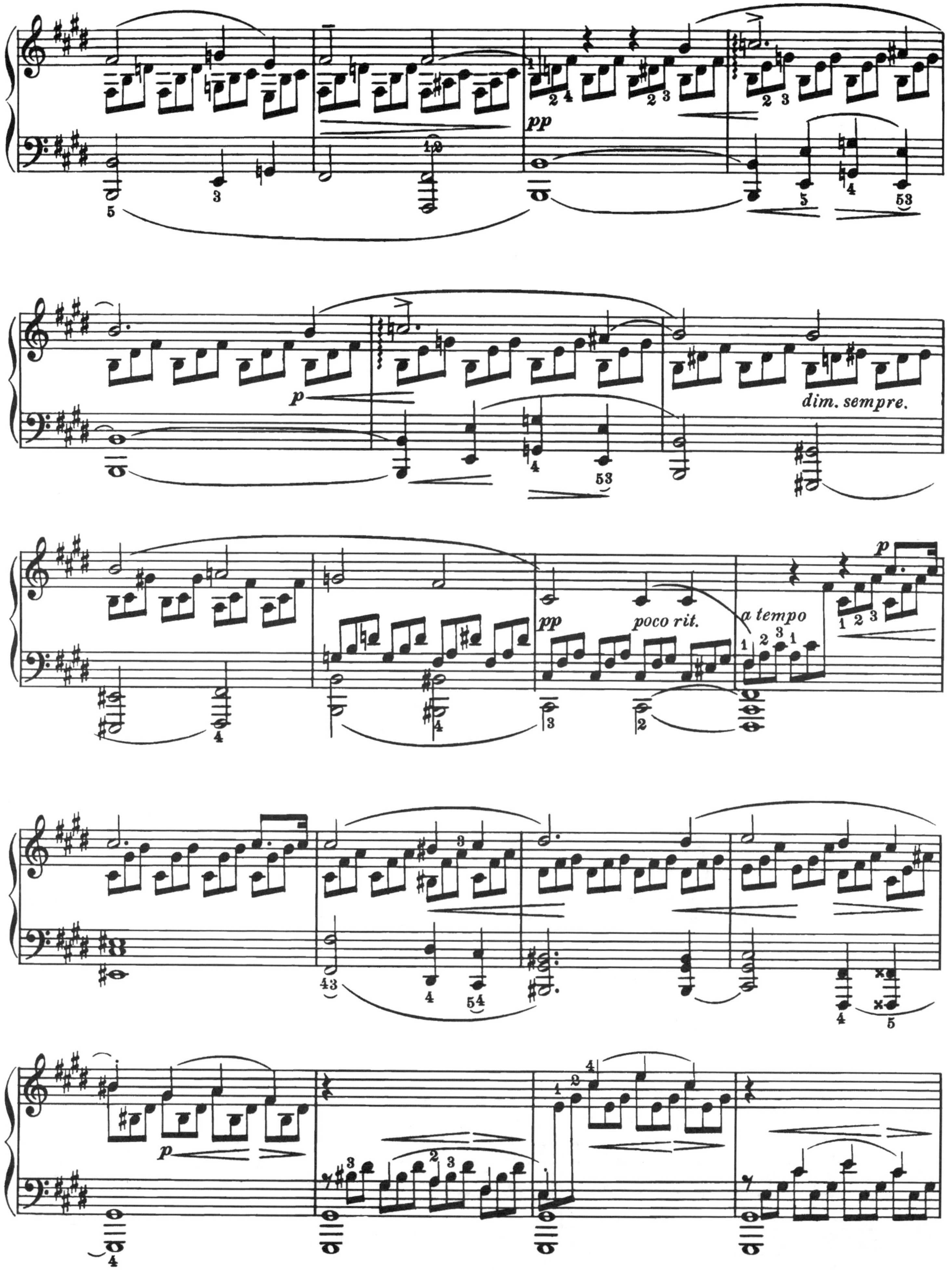
pp
p
dim. sempre.
pp
poco rit.
a tempo
p
p

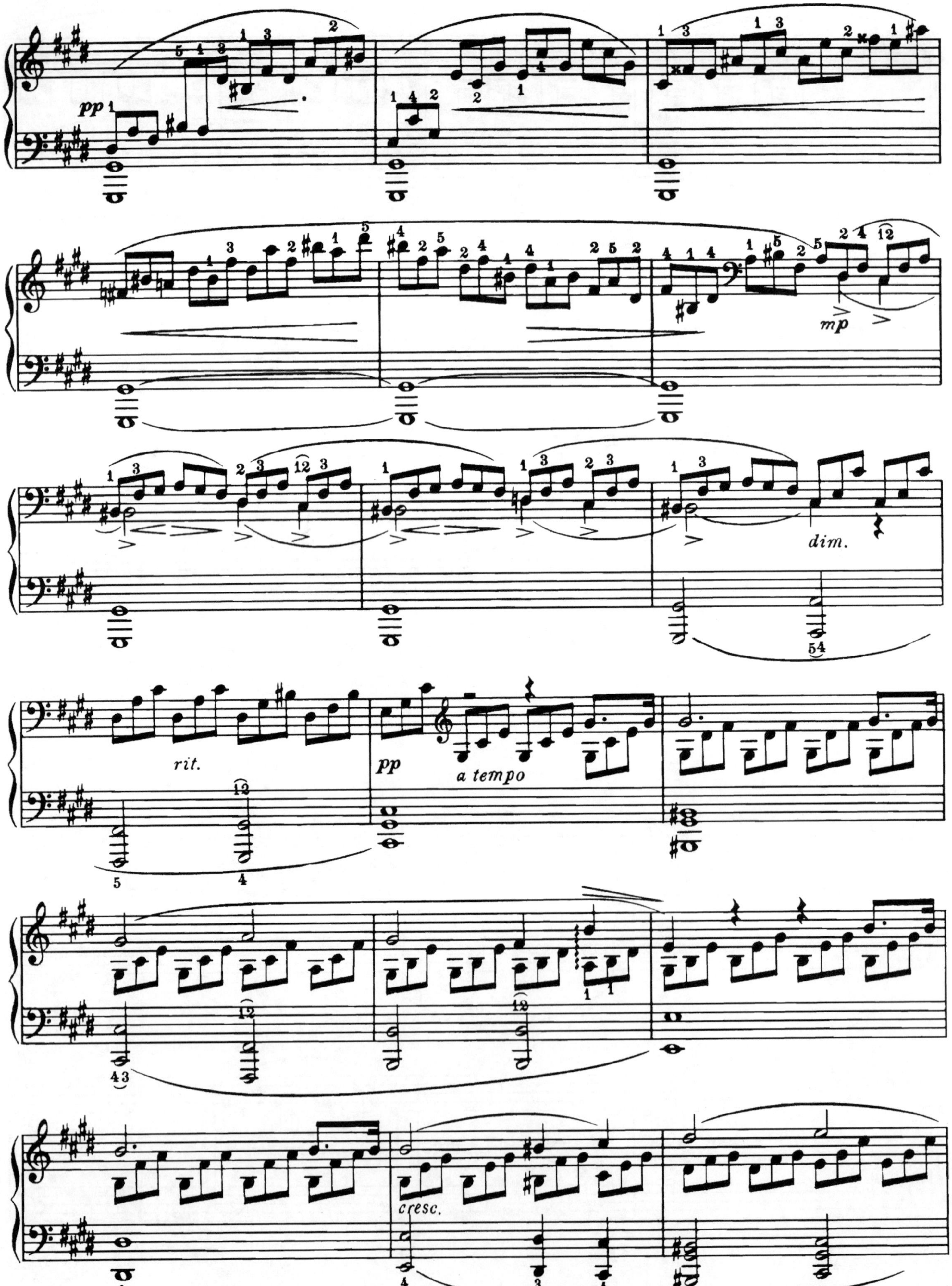
pp
mp
dim.
rit.
pp
a tempo
cresc.

pp
p
p
p
pp
pp
p
pp
poco rit.
a tempo
poco rit.
dim. e rit.
molto rit.
ppp
pp

Allegretto. (♩. = 50)
mf
poco cresc.
cresc.
sf
p riten.
Fine.
TRIO.
a tempo
fp
dim.
pp
D.C. Allegretto.

Presto agitato. (♩=72.)

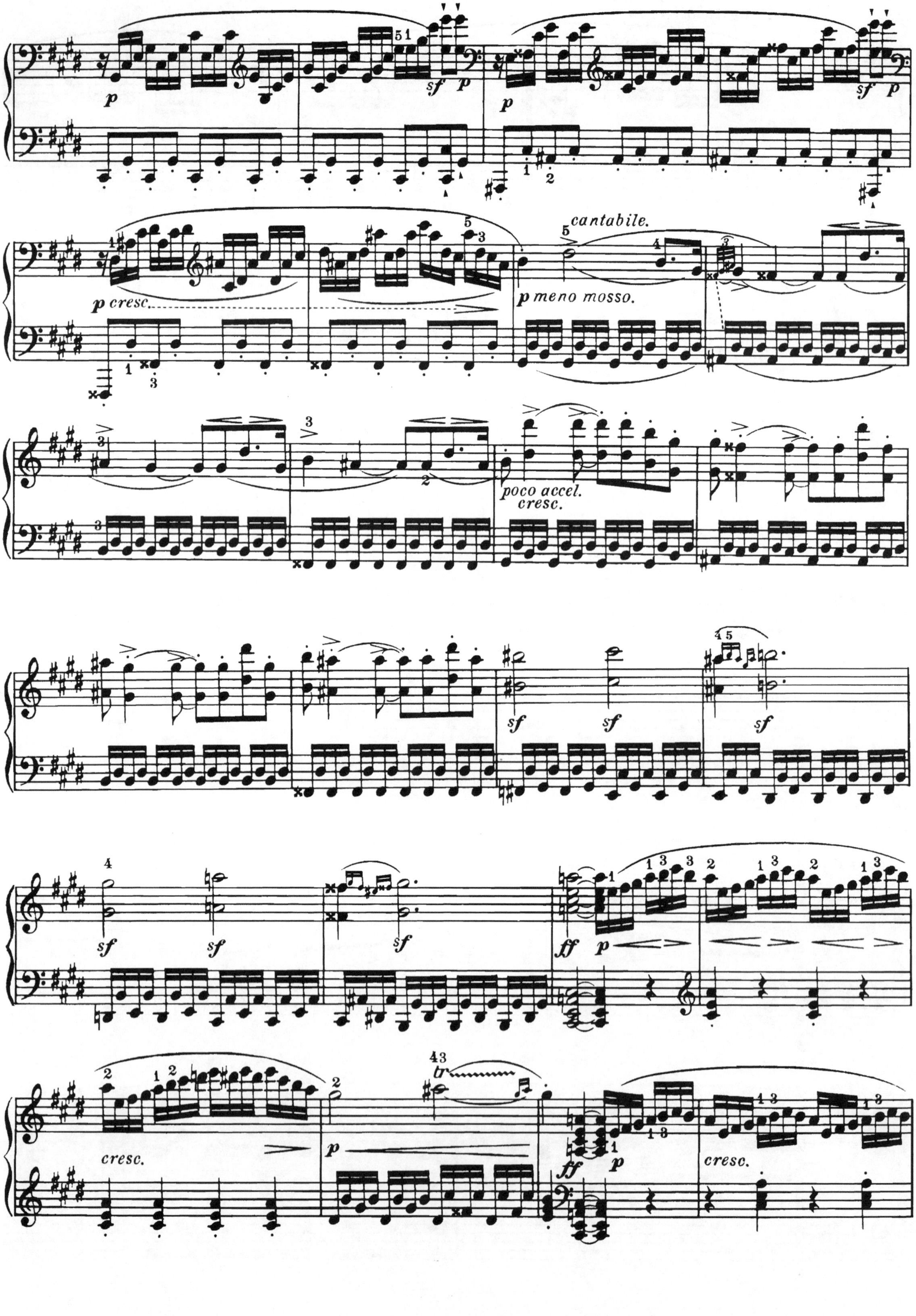
p cresc.
cantabile.
p meno mosso.
poco accel.
cresc.
cresc.
cresc.

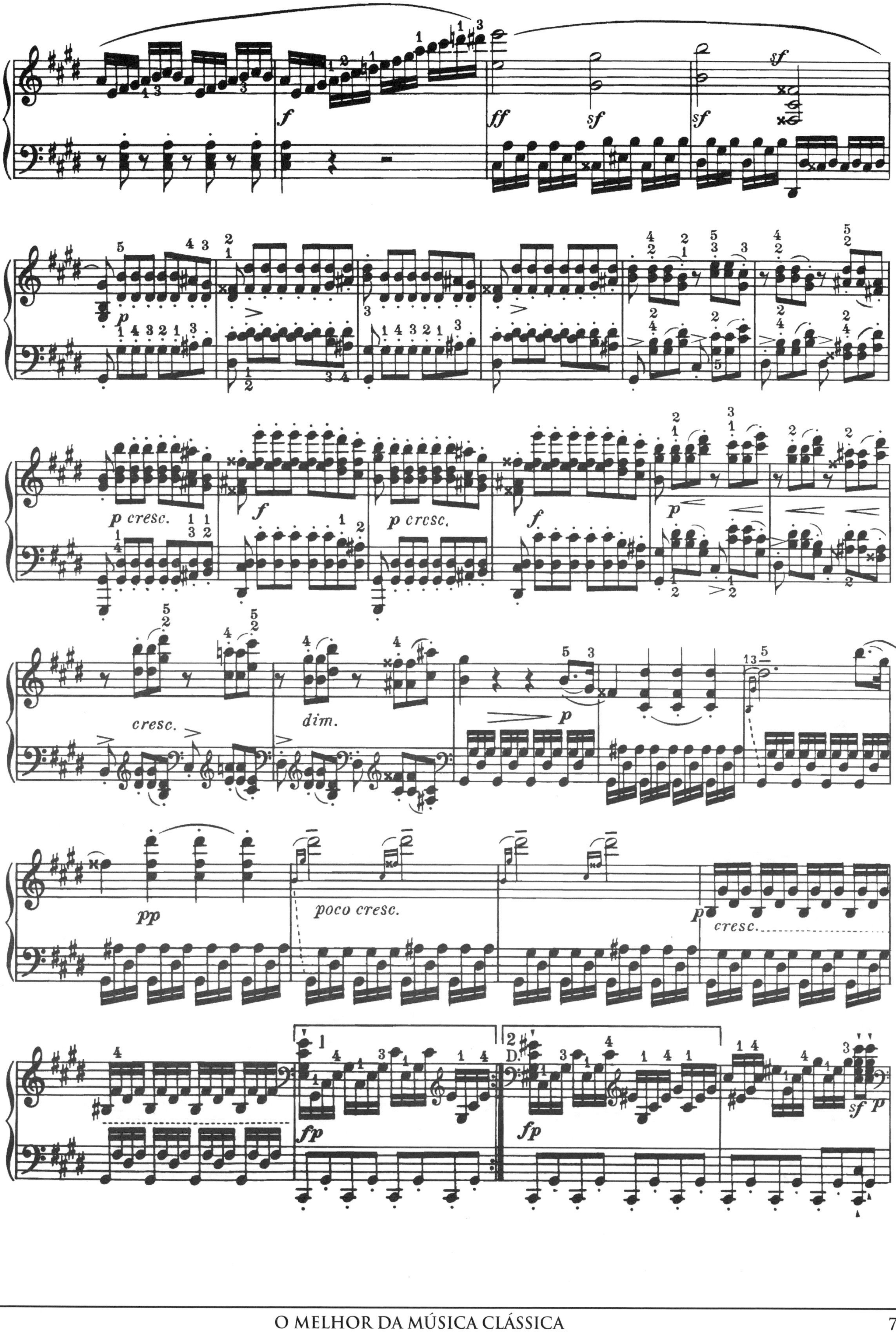
p cresc.
p cresc.
cresc.
dim.
poco cresc.
cresc.

cantabile.
poco meno mosso.
mp cantabile.
cresc. poco.
cresc. poco.
cresc.
p tranquillo.
r.h.

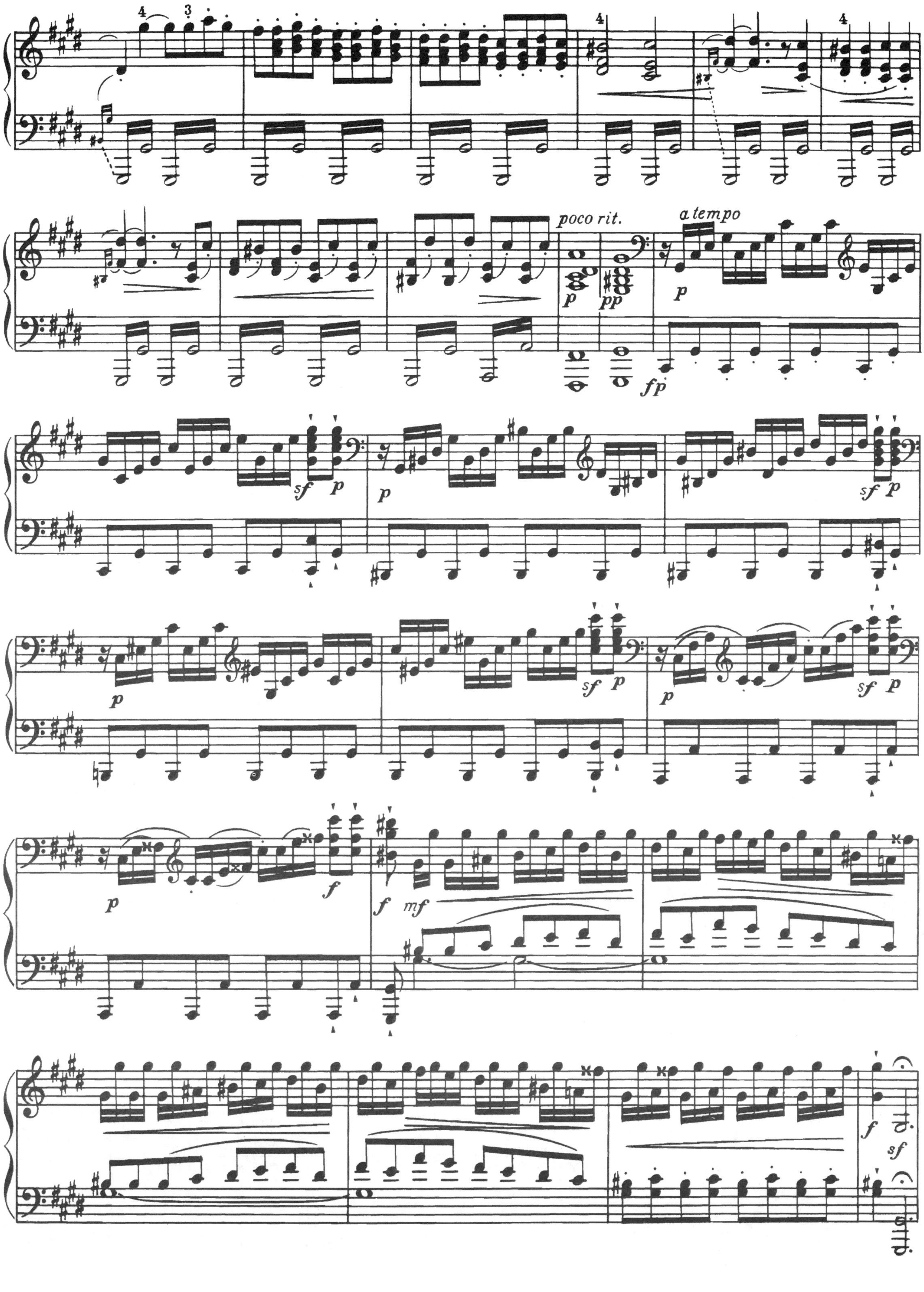
poco rit.
a tempo
p
pp
fp
sf
f
mf

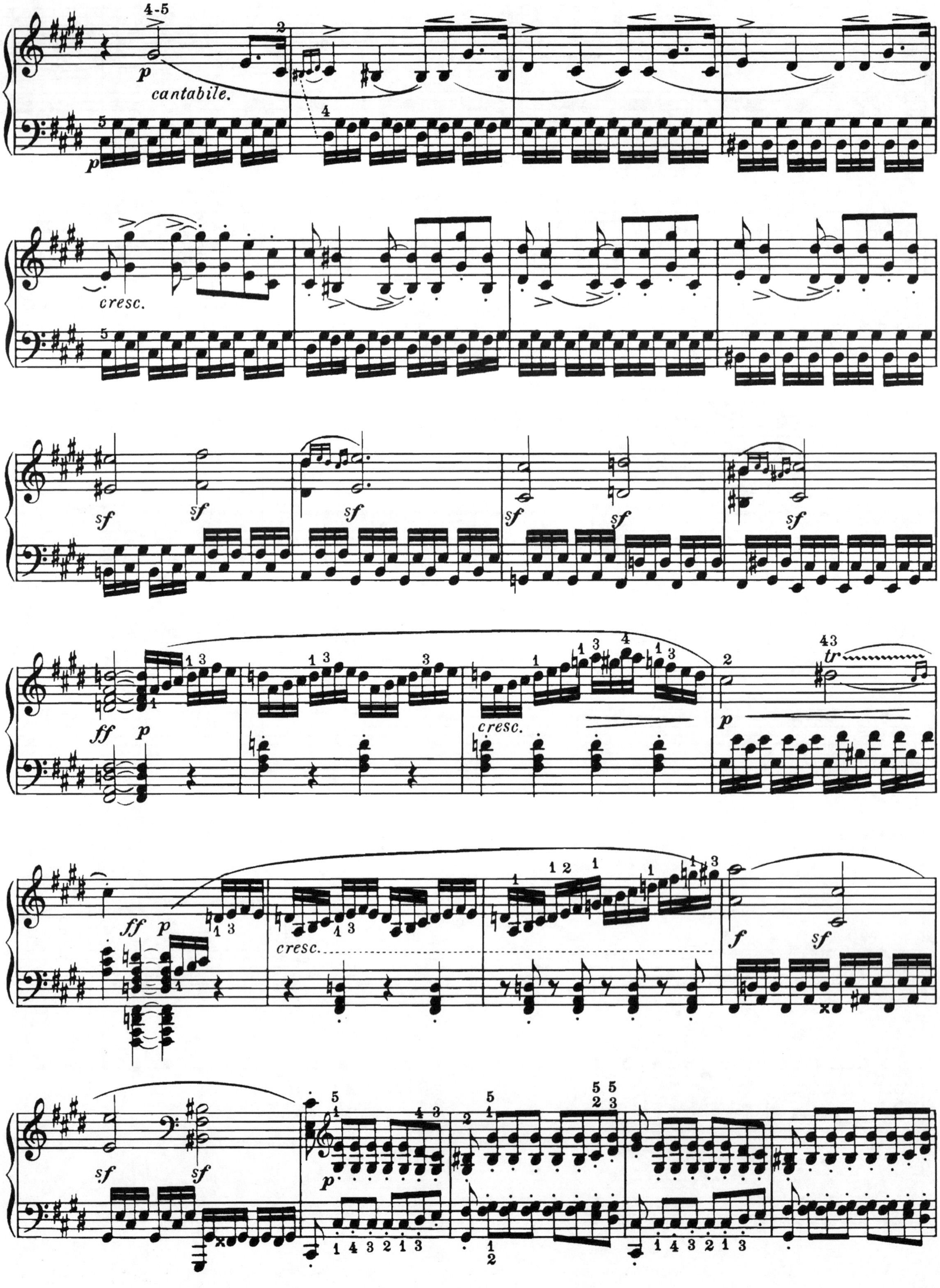
cantabile.
cresc.
cresc.
cresc.

p cresc.
f
p cresc.
f
p
cresc.
decresc.
p
Coda. poco accel.
p cresc.
f p a tempo
sf p
p
sf p
f strepitoso.
cresc.
f
sf

cresc.
riten.
sf
meno mosso.
p tranquillo.
mp
p piu mosso.
cresc. e accel.
molto agitato.
f
f
f

R.H.
L.H.
ff
poco dim.
mf
cresc molto.
veloce
rit.
dim.
Adagio. Tempo I.
p molto tranquillo.
molto agitato.
cresc. e stringendo un poco.
cresc.
f cresc. string.
sff

a Paulo Affonso de Moura Ferreira

Prelúdios tropicais nº 4

Ponteado de Viola

Guerra-Peixe

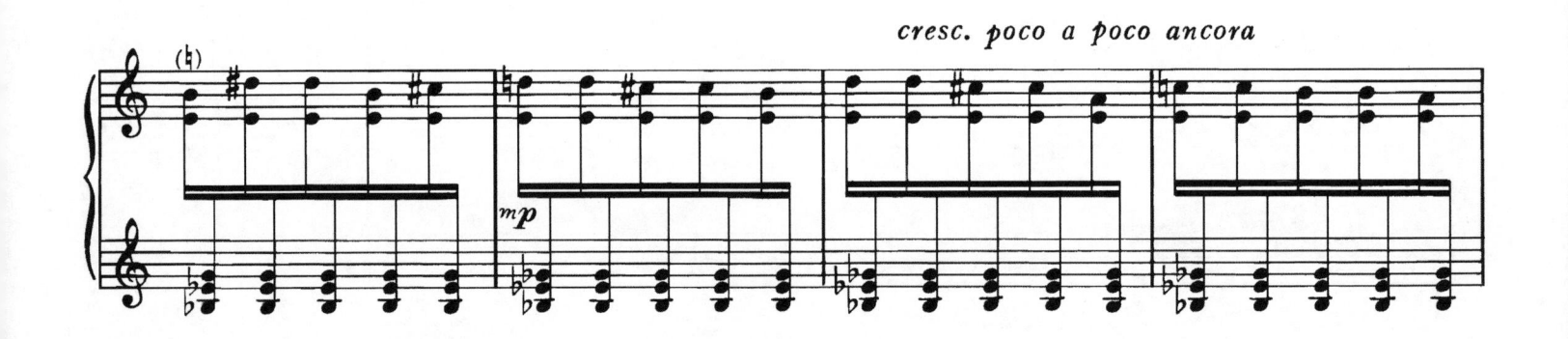

O MELHOR DA MÚSICA CLÁSSICA

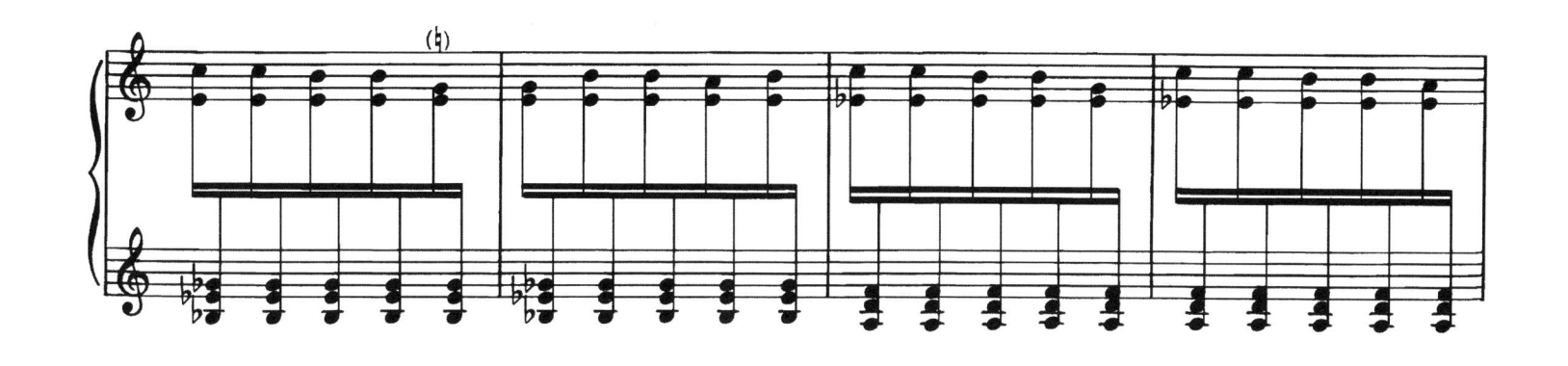

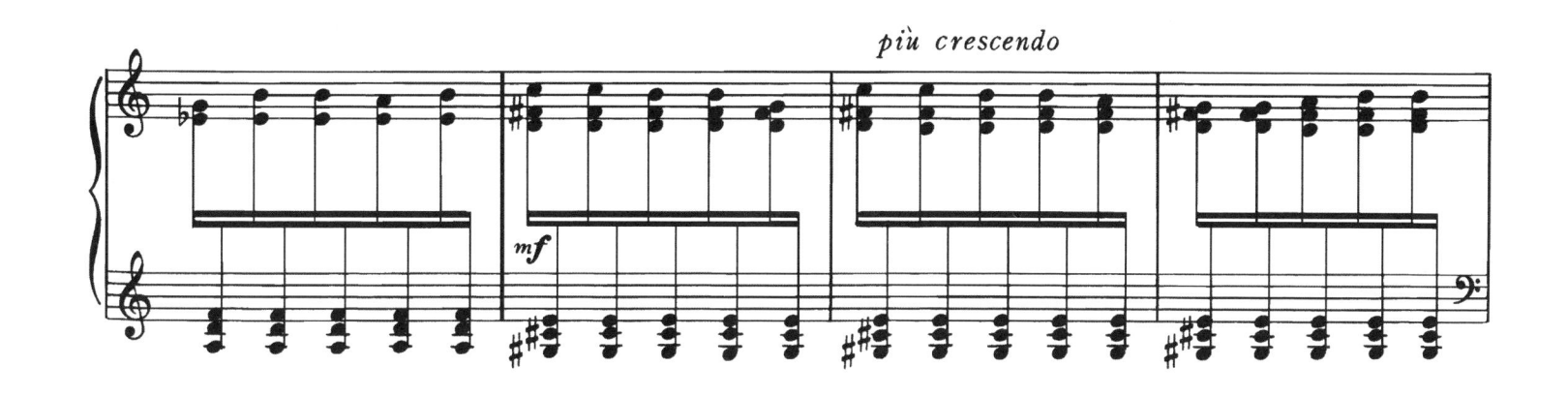

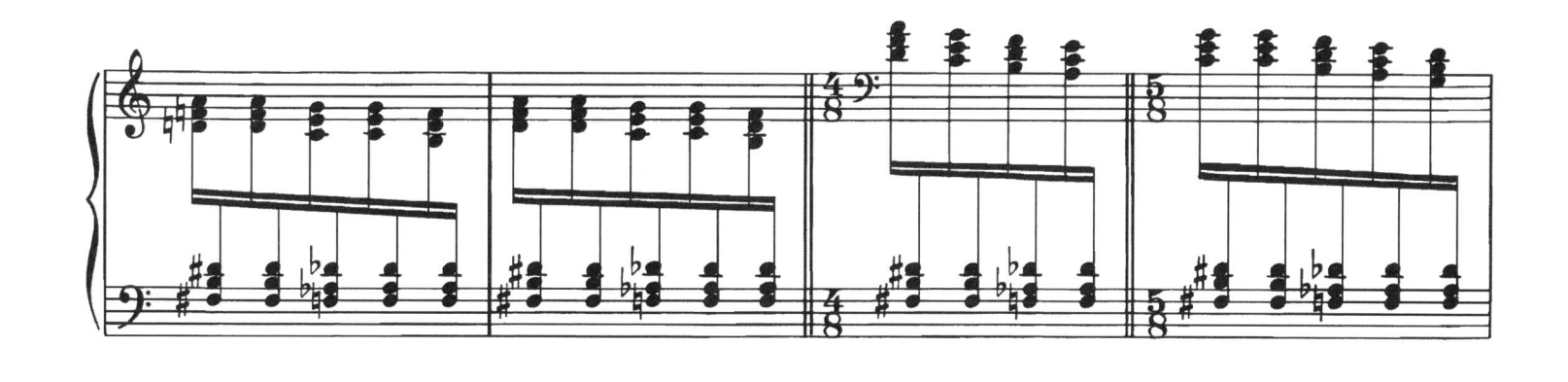

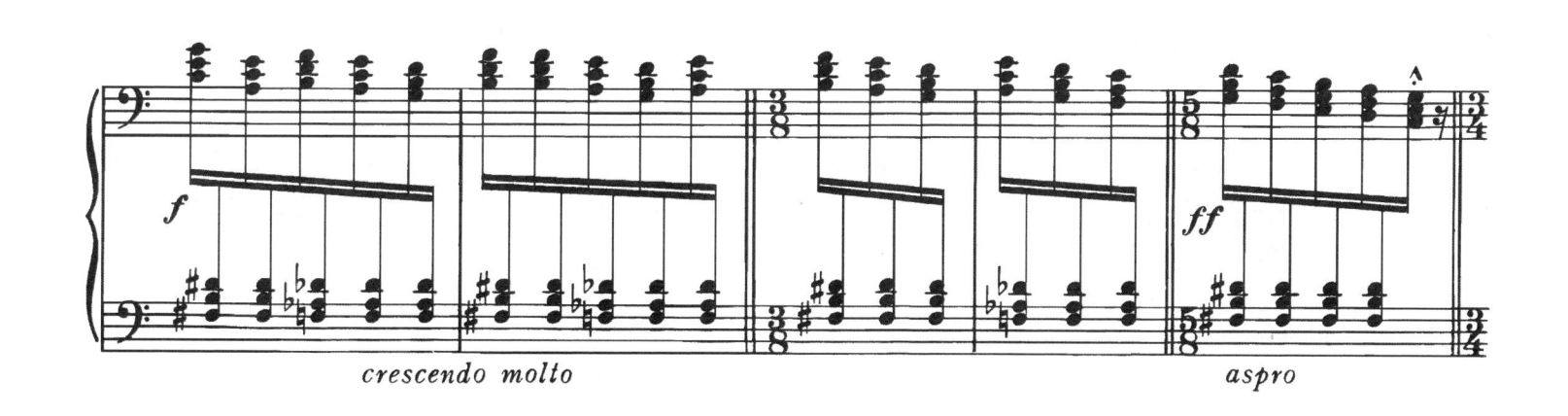

Moderato CA. ♩=96
loco
8
mf
mp
p
a tempo
a tempo
f stacc.
poco rit.
(f)
mf
mp
mf
ritard. e cresc.
a tempo
f

a tempo
rimettendosi al Tempo I
cresc. e poco rit.
ff
dim.
f
mf
D. C.
poi
mf
pp
CA. ♩♩. = 44 (Tempo I)
p
sempre in tempo
pp
(pp)

à minha querida madrinha Anna Bilhar

Dedicação

Valsa lenta

BRANCA BILHAR

mais lento
mf
rall.
p
p rall.
f a tempo
p rall.
cresc.
m.s.
m.d.
f
Vivo
f
rall.
molto

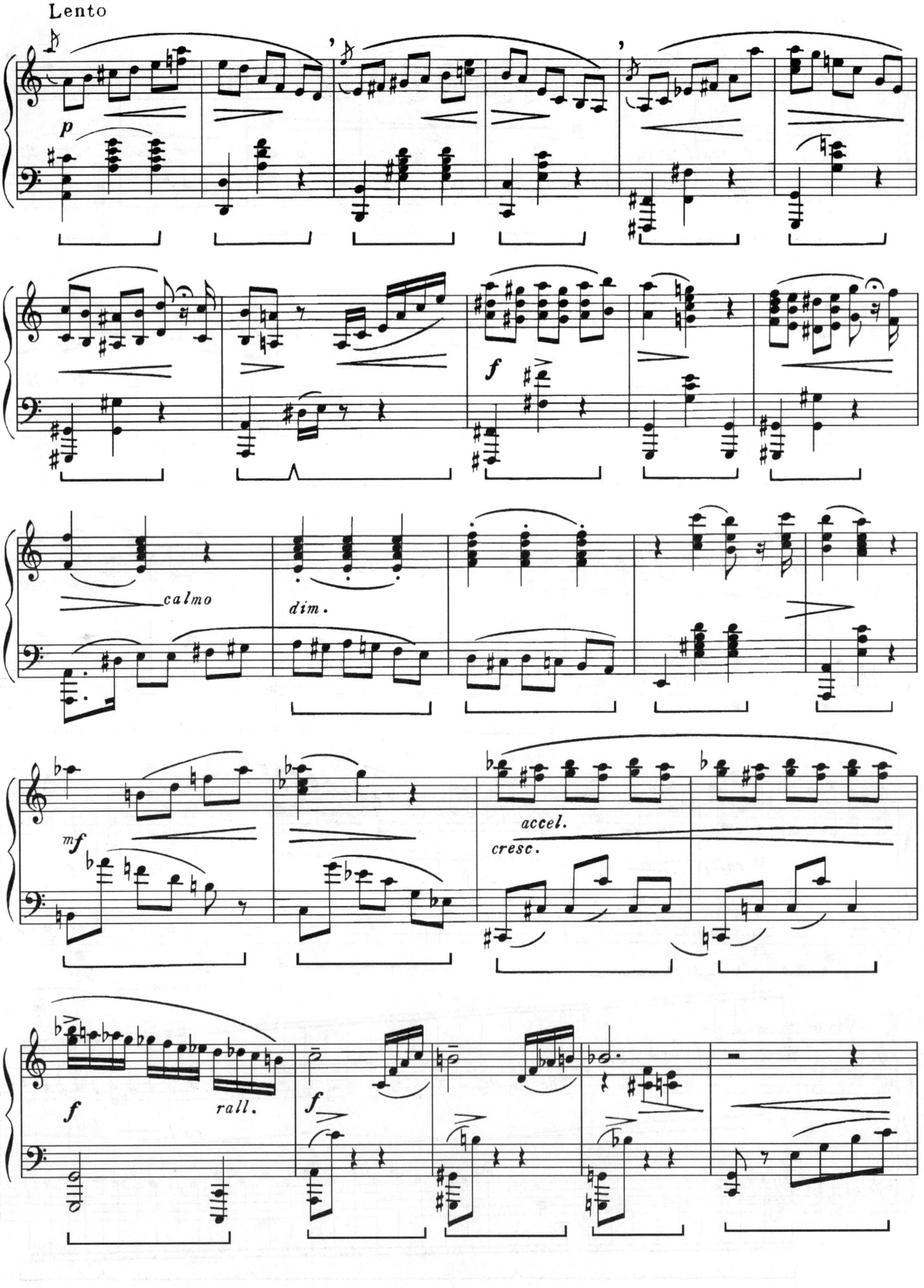
Lento
p
f
calmo
dim.
mf
accel.
cresc.
f
rall.
f

O MELHOR DA MÚSICA CLÁSSICA

Acalanto para Barbara

Nº 5 da Série dos Curumins

M. Camargo Guarnieri

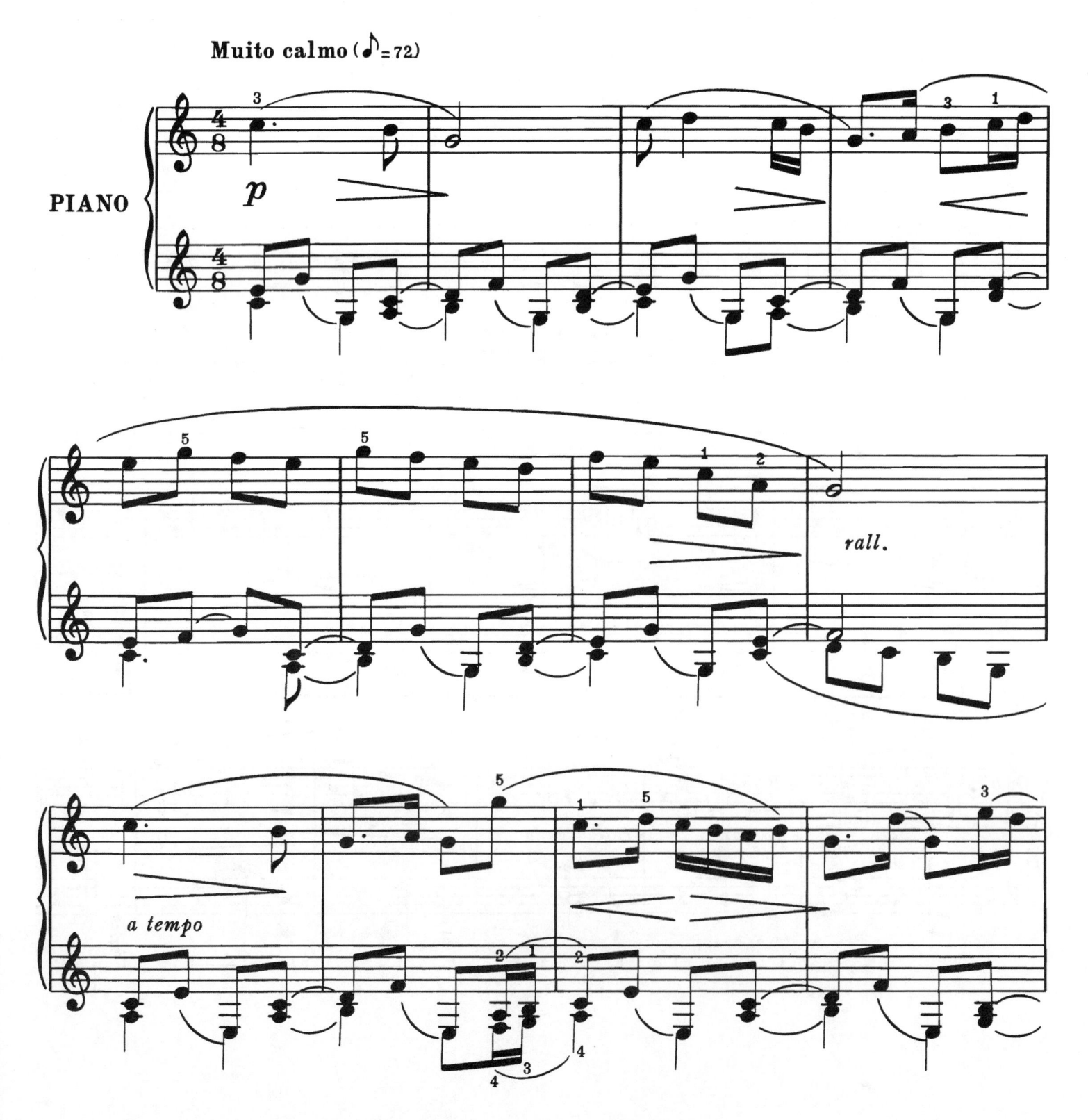

© Copyright 1977 by Irmãos Vitale S.A. Ind. e Com. – São Paulo – Brasil.
Todos os direitos autorais reservados para todos os países – *All rights reserved.*

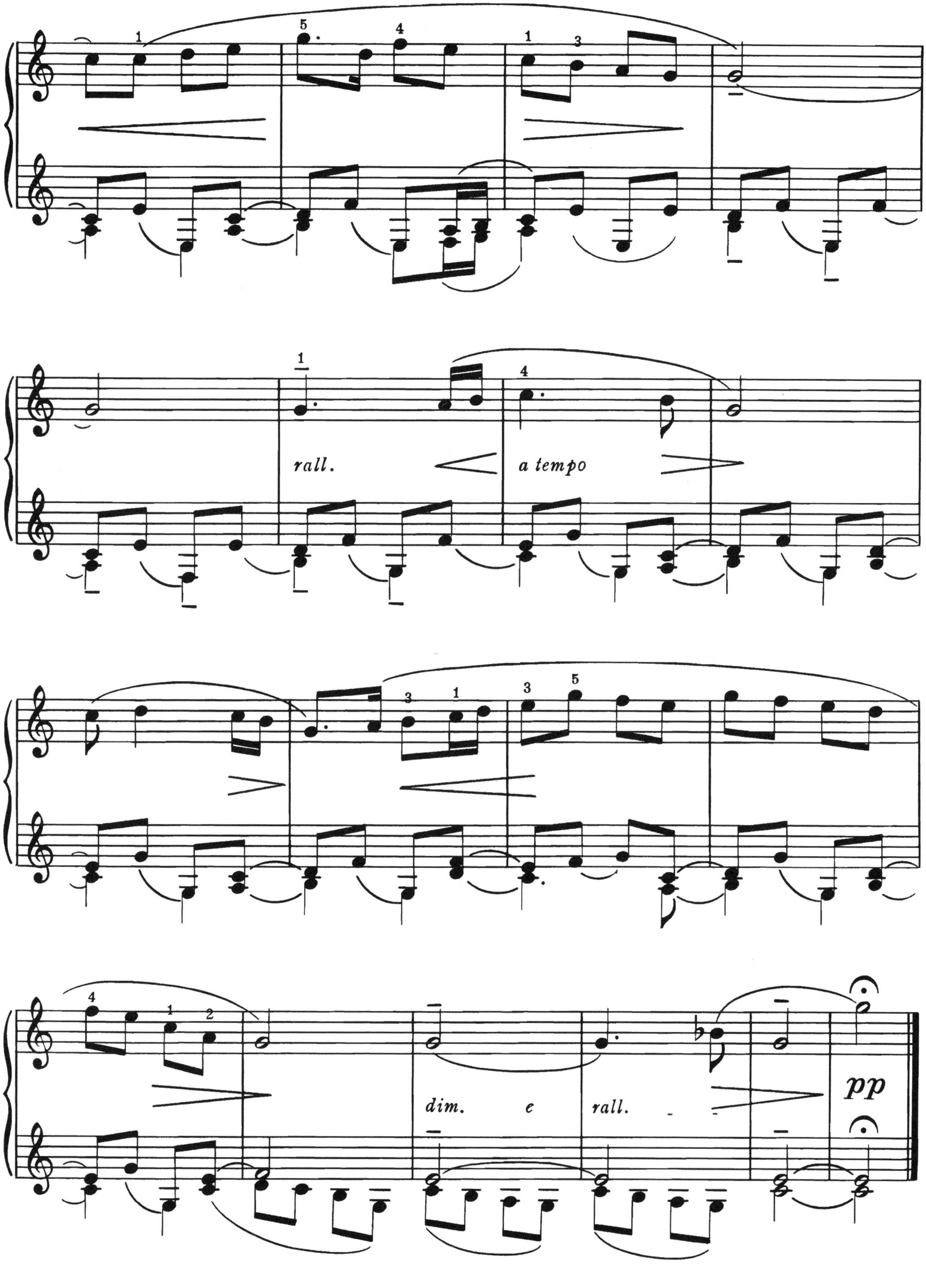
rall.
a tempo
dim. e rall.
pp

Ave maria

Op. 52, nº 6

Transcrição de Stephen Heller

F. Schubert

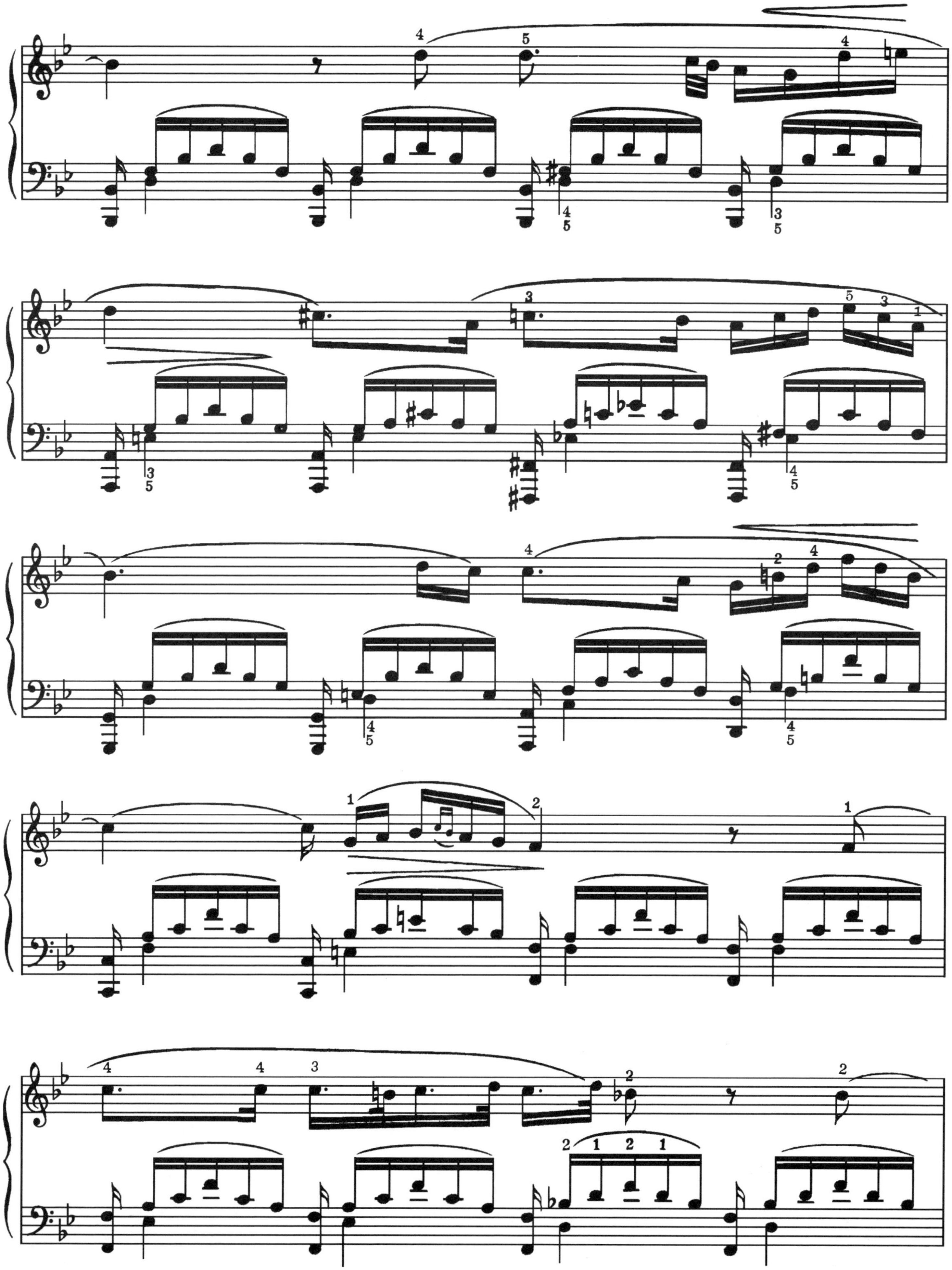

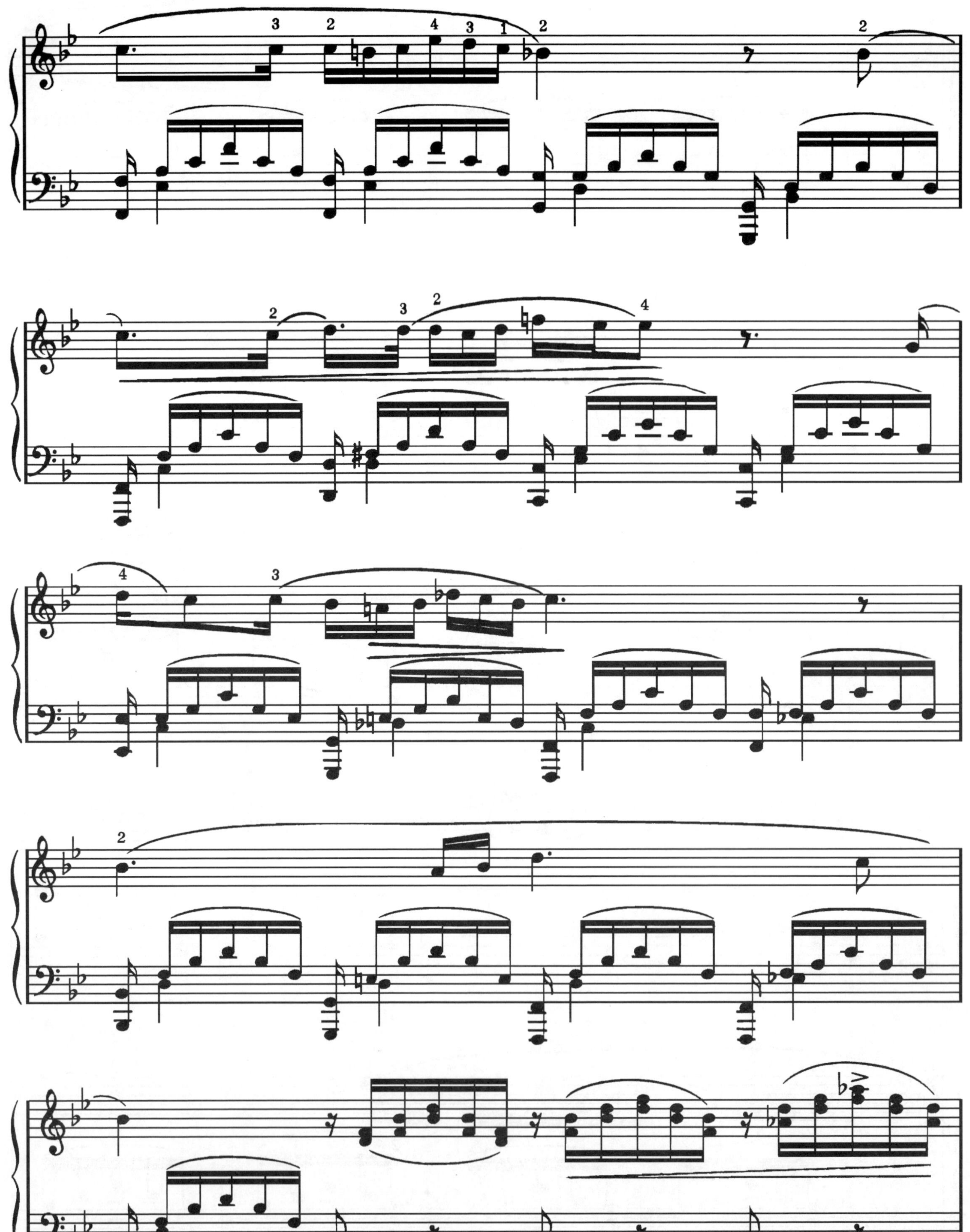

3
2
4
3
1
2
2
2
3
2
4
4
3
2

con molta espressione

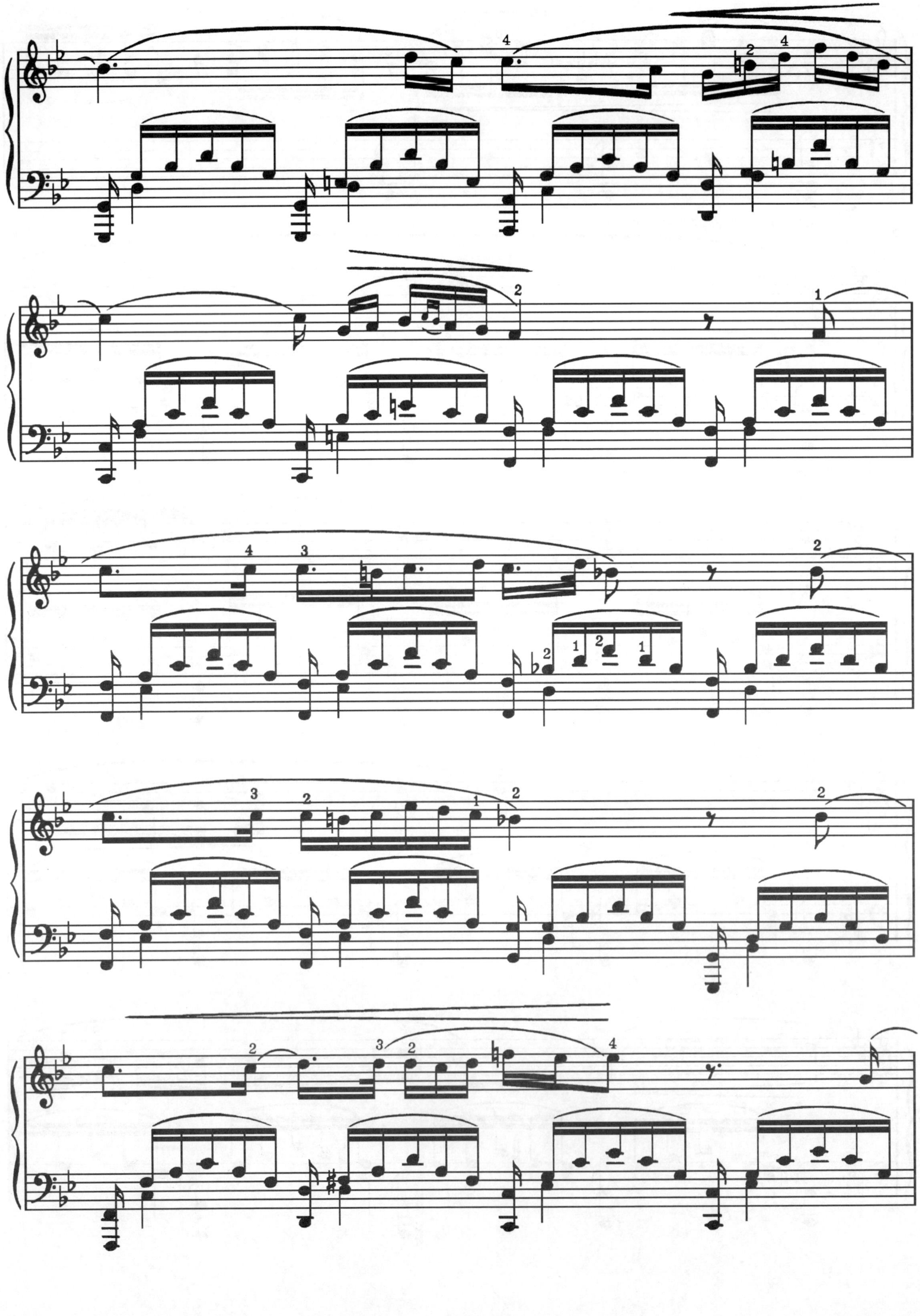

perdendosi

Valsa em Lá

Revisão de Souza Lima

C. M. WEBER

TRIO.

Coral de Jesus, Alegria dos homens

Transcrição facilitada de Moura Lacerda

J. S. BACH

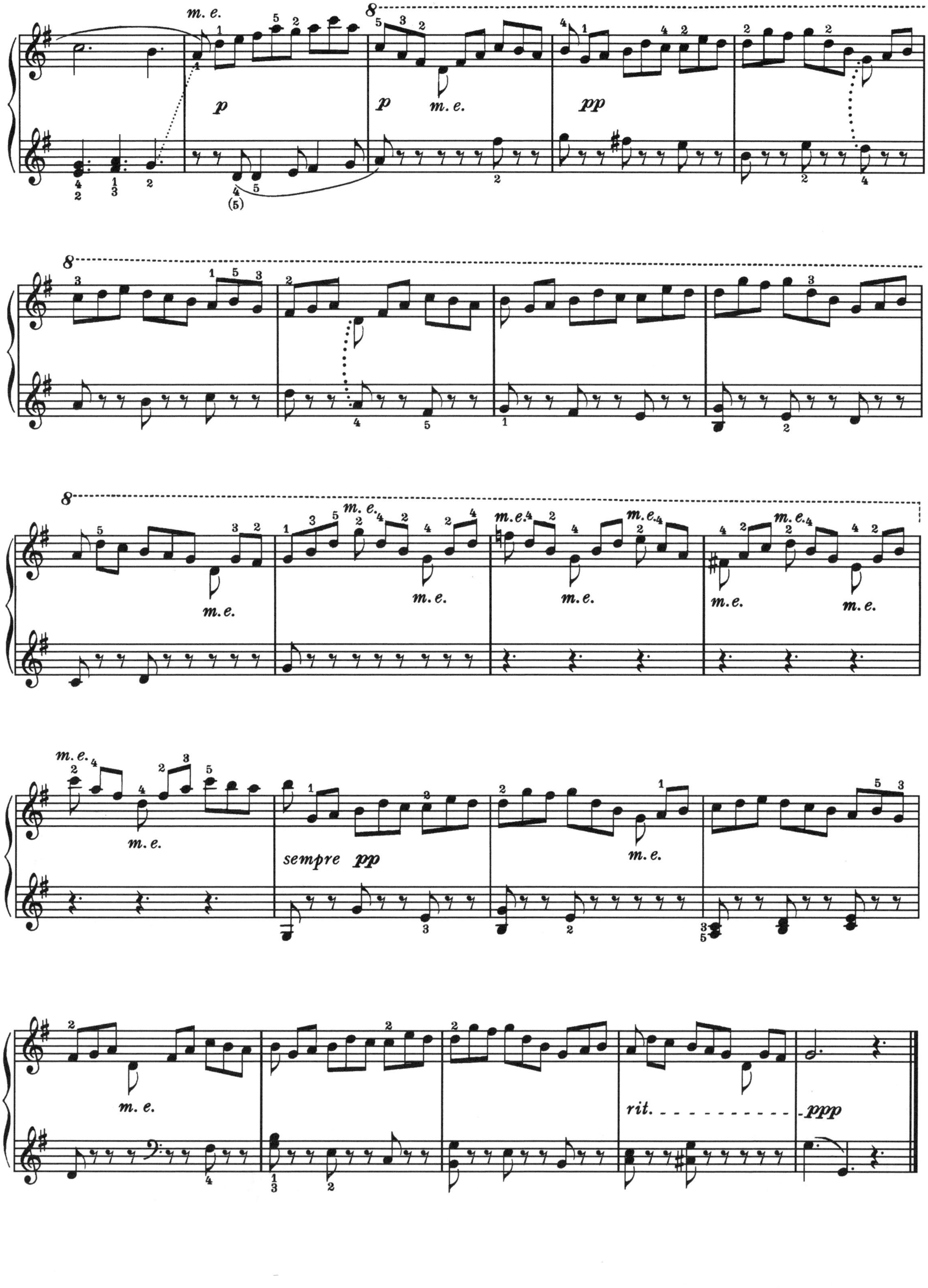
m. e.
p
p
m. e.
pp
m. e.
m. e.
m. e.
m. e.
m. e.
m. e.
m. e.
m. e.
m. e.
sempre pp
m. e.
m. e.
rit.
ppp

Serenata

Op. 74, nº 1

Revisão de Souza Lima

F. J. Haydn

O MELHOR DA MÚSICA CLÁSSICA

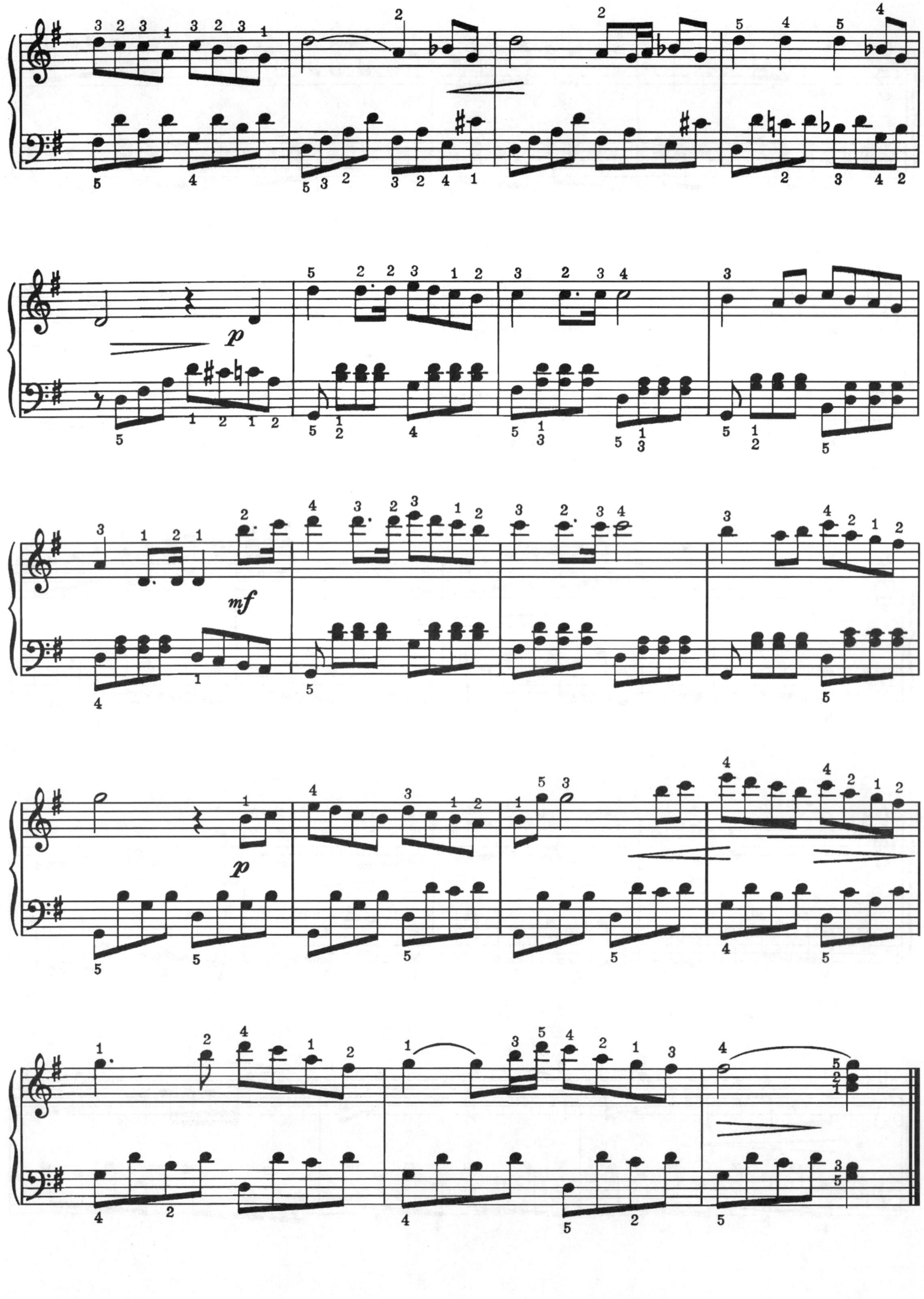